GEMÜSEAUFLAUF MIT JOGHURT

ca. 1 Std.
ca. 450 kcal

- 1 kg gemischtes Gemüse der Saison, z.B. Karotten, Brokkoli, Kohlrabi, Paprika, Blumenkohl etc.
- 1 Gemüsezwiebel
- 2 EL Olivenöl
- Salz
- Pfeffer
- 1 Bd. glatte Petersilie
- einige Korianderblättchen
- 500 g Sahnejoghurt
- 5 EL Mehl
- 5 EL gehackte Mandeln
- 3 Eier

1. Das Gemüse putzen, waschen und kleinschneiden. Die Zwiebel schälen und würfeln. Das Öl in einem großen Topf erhitzen, die Zwiebel darin goldgelb anbraten. Festes Gemüse mit langer Garzeit dazugeben und kurz anbraten. Etwas Wasser angießen, das Gemüse salzen, pfeffern und zugedeckt bei schwacher Hitze schmoren.

2. Nach und nachdas übrige Gemüse zugeben und garen. Das Gemüse sollte noch bißfest sein. Eventuell noch etwas Wasser angießen.

3. Den Ofen auf 200°C vorheizen. Die Kräuter waschen und fein hacken. Sie mit dem Joghurt, dem Mehl und den Mandeln verrühren. Die Eier trennen, die Eigelbe unter den Joghurt rühren. Die Eiweiße steifschlagen und vorsichtig unterheben. Die Masse salzen und pfeffern.

4. Das Gemüse in eine große, flache Auflaufform füllen und den Joghurtschnee gleichmäßig darüber verteilen. Den Auflauf im Ofen auf der zweiten Einschubleiste von unten etwa 25 Minuten backen.

Verführerisch duftend stehen sie auf dem Tisch und machen neugierig auf das, was sich unter der goldgelben Kruste verbergen mag: Aufläufe.

Lecker und vielseitig eignen sie sich sowohl als Vorspeise als auch als Hauptgericht, können als Beilage oder als Nachtisch gereicht werden, krönen ein festliches Gästeessen oder lassen sich im Alltag ohne Aufwand zubereiten.

Dabei muß ein feiner Auflauf nicht unbedingt Fleisch enthalten, um einen besonderen Geschmack zu bekommen: Gemüse, Reis, Kartoffeln, Nudeln oder Sprossen bieten eine abwechslungsreiche Grundlage für die Rezepte in diesem Buch.

Ob fein, deftig, international oder süß, sicherlich finden Sie für jede Gelegenheit einen passenden vegetarischen Auflauf, der Sie oder Ihre Gäste begeistern wird. Darüber hinaus erwecken internationale Spezialitäten Urlaubserinnerungen oder geben eine Anregung, einmal die Küche fremder Länder auszuprobieren. Wir wünschen Ihnen einen guten Appetit.

INFOS ZU DEN REZEPTEN

Die Portionsangaben
Sofern nicht anders angegeben, sind alle Rezepte für 4 Personen berechnet. Ausnahmen sind im Rezeptkopf angegeben.

Die Zubereitungszeiten
Die in jedem Rezeptkopf angegebene Zubereitungszeit umfaßt die Vorbereitungs- und Garzeit. Eventuelle Sonderzeiten, wie Zeit zum Ruhen, Zeit zum Quellen oder Zeit zum Marinieren, werden extra im Rezeptkopf ausgewiesen und müssen zur Zubereitungszeit hinzugerechnet werden. Alle Zeitangaben beruhen auf durchschnittlichen Erfahrungswerten. Abweichungen können aufgrund der Beschaffenheit von Zutaten, Kochgeschirr und Herd auftreten.

Die Kalorienangaben
Sie beziehen sich in der Regel auf 1 Portion. Ausnahmen sind im Rezeptkopf angegeben.

Die Backofentemperaturen
Die Temperaturangaben beziehen sich auf einen herkömmlichen Elektroofenmit Ober- und Unterhitze.

Die Abkürzungen

EL	=	Eßlöffel (gestrichen)
TL	=	Teelöffel (gestrichen)
Msp.	=	Messerspitze
Bd.	=	Bund
P.	=	Päckchen
ml	=	Milliliter
g	=	Gramm
kcal	=	Kilokalorien
ca.	=	circa
Min.	=	Minute(n)
Std.	=	Stunde(n)
TK-...	=	Tiefkühl-...
F.i.Tr.	=	Fett in der Trockenmasse

1. Die Gemüsebrühe in einem Topf zum Kochen bringen. Den Buchweizen dazugeben, die Hitze stark reduzieren und das Getreide zugedeckt bei milder Hitze in etwa 20 Minuten ausquellen lassen.

2. In der Zwischenzeit die Austernpilze kurz abbrausen, trockentupfen und jeweils von den harten Strünken befreien. 4 kleine, schöne Pilze beiseite legen, den Rest in kleine Würfel schneiden. Die Karotten putzen und schälen, die Gemüsezwiebel ebenfalls schälen. Beides fein würfeln.

3. Das Öl in einer Pfanne erhitzen. Zuerst die ganzen Austernpilze darin kurz anbraten, salzen, pfeffern und aus der Pfanne nehmen.

4. Die Zwiebel- und die Karottenwürfel in der Pfanne unter Rühren etwa 5 Minuten bei milder Hitze anbraten. Dann die Austernpilze dazugeben. Den Knoblauch schälen und durch eine Presse dazudrücken. Das Gemüse mit Salz, Pfeffer und Thymian würzen und bei geringer Hitze dünsten.

5. Den Backofen auf 200 °C vorheizen. Eine große, flache Auflaufform mit Öl oder Butter ausstreichen. Inzwischen den Buchweizen, falls nötig, abtropfen lassen, mit dem gedünsteten Gemüse vermischen und pikant abschmecken. Die Masse in die Form füllen.

6. Den Sahnejoghurt mit den Eiern verquirlen, mit Salz und Pfeffer würzen und die Mischung über den Auflauf verteilen Die ganzen Austernpilze darauf legen. Den Mozzarella abtropfen lassen, kleinschneiden und darüberstreuen.

7. Die Form auf der zweiten Einschubleiste von unten in den Ofen schieben und den Auflauf etwa 1/2 Stunde backen.

Tip
Buchweizen von guter Qualität erhalten Sie in Reformhäusern und in Bioläden. Er nimmt beim Garen sehr viel Flüssigkeit auf, so daß Sie hin und wieder kontrollieren sollten, ob ausreichend Wasser oder Brühe im Topf ist, damit nichts ansetzen kann.

---

ca. 70 Min.

ca. 480 kcal

- **400 ml Gemüsebrühe (aus Instantpulver)**
- **200 g geschälte Buchweizenkörner**
- **300 g Austernpilze**
- **300 g Karotten**
- **1 Gemüsezwiebel**
- **2 EL Öl**
- **Salz**
- **Pfeffer**
- **1 Knoblauchzehe**
- **etwas frischer oder getrockneter Thymian**
- **etwas Öl oder Butter für die Form**
- **150 g Sahnejoghurt**
- **3 Eier**
- **125 g Mozzarella**

ca. 1 Std.

ca. 400 kcal

- **400 g vorwiegend festkochende Kartoffeln**
- **400 g Kohlrabi**
- **400 g Zuckerschoten**
- **Salz**
- **etwas Butter für die Form**
- **1 Bd. Kerbel**
- **1 Bd. glatte Petersilie**
- **250 g Vollmilchjoghurt**
- **150 g Sahne**
- **3 Eigelb**
- **2 TL Meerrettich (aus dem Glas)**
- **weißer Pfeffer aus der Mühle**
- **80 g Appenzeller**

1. Die Kartoffeln und die Kohlrabiknollen waschen und schälen. Beides in etwa 1/2 cm große Würfel schneiden. Die Zuckerschoten waschen, putzen, von eventuell vorhandenen Fäden befreien und danach schräg halbieren.

2. Reichlich Salzwasser in einem großen Topf zum Kochen bringen. Die Kartoffel- und die Kohlrabiwürfel darin etwa 10 Minuten garen. Nach 5 Minuten Garzeit die Zuckerschoten dazugeben. Das Ganze danach auf ein Sieb gießen und gut abtropfen lassen.

3. Den Ofen auf 200°C vorheizen. Eine große Auflaufform mit Butter ausstreichen und die Kartoffeln sowie das Gemüse hineingeben.

4. Den Kerbel und die Petersilie waschen und trockentupfen. Von den Kräutern jeweils die Blätter von den Stielen zupfen und fein hacken.

5. Joghurt, Sahne, Eigelbe und Meerrettich in eine Schüssel geben und mit einem Schneebesen darin verquirlen. Diese Mischung mit Salz und Pfeffer kräftig abschmecken. Die Kräuter darunterheben und das Ganze danach auf den Auflauf gießen.

6. Den Käse entrinden, fein reiben und auf dem Auflauf verteilen. Diesen im Backofen auf der mittleren Schiene etwa 35 Minuten backen.

Tip
Zuckerschoten aus heimischem Freilandanbau erhalten Sie von Juni bis August. Wie alle Bohnensorten sind Zuckerschoten nicht lange haltbar (im Kühlschrank 1 bis 2 Tage) und dürfen keinesfalls roh verzehrt werden, da sie Giftstoffe enthalten, die sich beim Garen verflüchtigen.

Variation
Sie können den Kerbel auch durch Korianderkraut (in Asienläden erhältlich) ersetzen. Korianderkraut hat einen sehr aromatischen Geschmack, der zwar nicht jedermanns Sache ist, dafür aber jedem Gericht eine besondere Note verleiht.

BUNTER GEMÜSEAUFLAUF *sättigend • kernig*

1. Das Gemüse waschen, putzen und kleinschneiden. In Salzwasser etwa 3 Minuten vorgaren, auf ein Sieb abgießen und abschrecken. Die Tomaten waschen, jeweils einen Deckel abschneiden und die Tomaten leicht aushöhlen. Eine Auflaufform fetten. Den Ofen auf 175 °C vorheizen.

2. Das Gemüse (bis auf die Tomaten) mit der Hälfte der Sonnenblumenkerne vermischen und in die Form füllen. 4 Mulden in die Masse drücken und die Tomaten hineinsetzen.

3. Die Tomaten innen leicht salzen und pfeffern. 4 Eier aufschlagen, dabei 2 Eiweiße separat ablaufen lassen, die beiden anderen Eiweiße und die 4 Eigelbe jeweils in eine der Tomaten gleiten lassen.

4. Restliche Eier zu den Eiweißen geben und mit Milch, Crème fraîche, Käse und Zitronenmelisse verquirlen. Salzen und pfeffern.über das Gemüse in der Form (nicht aber über die Tomaten) gießen, alles mit Sonnenblumenkernen bestreuen. Den Auflauf im Backofen etwa 50 Minuten backen.

ca. 1 Std. 20 Min.

ca. 540 kcal

- etwa 1 kg Gemüse, z.B. Brokkoli, Karotten, Kohlrabi und Zucchini
- Salz
- 4 Tomaten
- etwas Butter für die Form
- 5 EL Sonnenblumenkerne
- Pfeffer
- 8 Eier
- 1/8 l Milch
- 125 g Crème fraîche
- 100 g geriebener Emmentaler
- 1 TL gehackte Zitronenmelisse

GRATINIERTER GRÜNER SPARGEL

ca. 1¹/4 Std.
ca. 230 kcal

- **1 kg grüner Spargel**
- **3 EL Butter**
- **1 EL Weizenvollkorn-mehl**
- **¹/8 l Milch**
- **150 g Sahne**
- **2 EL Weißwein**
- **Salz**
- **schwarzer Pfeffer aus der Mühle**
- **1 Pr. geriebene Muskatnuß**

1. Die Spargelstangen am unteren Drittel schälen und die holzigen Enden abschneiden. In reichlich kochendem Salzwasser etwa 10 Minuten garen. Herausnehmen und abtropfen lassen, dabei die Garflüssigkeit auffangen. Die Stangen halbieren.

2. Den Ofen auf 200 °C vorheizen. In einem Topf 1 Eßlöffel Butter zerlassen, das Mehl darin anschwitzen. Mit der Milch und etwa 75 ml Spargelsud ablöschen. Das Ganze klümpchenfrei rühren und kurz aufkochen lassen.

3. Die Hälfte der Sahne und den Wein in die Sauce rühren und diese mit den Gewürzen abschmecken. Nochmals aufkochen lassen und den Topf dann vom Herd nehmen.

4. Die restliche Sahne steifschlagen und unter die Sauce ziehen. Eine flache feuerfeste Form mit Butter ausstreichen. Die Spargelstangen hineinlegen und mit der Sauce übergießen. Restliche Butter in Flöckchen auf dem Spargel verteilen und alles im Ofen auf der mittleren Schiene etwa ¹/4 Stunde backen.

FRÜHLINGSGEMÜSEGRATIN

ca. 1 Std.
ca. 460 kcal

- **500 g Karotten**
- **125 ml Gemüsebrühe (aus Instantpulver)**
- **300 g weißer Spargel**
- **300 g grüner Spargel**
- **Salz**
- **400 g Lauch**
- **250 g Champignons**
- **2 EL gehackte glatte Petersilie**
- **etwas Cayennepfeffer**
- **4 EL Butter**
- **2 EL Sonnenblumenöl**
- **Butter für die Form**
- **300 g Mozzarella**

1. Die Karotten putzen, schälen und in Scheiben schneiden. In der Brühe etwa ¹/4 Stunde garen. Abgießen. Das restliche Gemüse putzen bzw. schälen, waschen und in Stücke bzw. Streifen schneiden. In Salzwasser blanchieren. Die Champignons putzen und blättrig schneiden.

2. Die Karotten pürieren und mit Salz sowie Cayennepfeffer abschmecken. Das Püree mit der Petersilie verrühren. Den Ofen auf 225 °C vorheizen. Butter und Öl in einer großen Pfanne erhitzen. Lauch, Spargel und Champignons darin portionsweise bei starker Hitze anbraten, jeweils mit Salz und Cayennepfeffer würzen und anschließend beiseite stellen.

3. Eine große Gratinform ausfetten. Zuerst die Spargelstücke, danach die Lauchstreifen und zum Schluß die Champignons hineinschichten. Das Karottenpüree darüber verteilen. Den Mozzarella abtropfen lassen, in Scheiben schneiden und das Gratin damit belegen. Im Ofen auf der mittleren Schiene in etwa ¹/4 Stunde goldbraun backen. Heiß oder kalt servieren.

MANGOLDGRATIN *cremig • mal was anderes*

1. Den Mangold putzen und waschen. Die Stiele fein hacken und die Blätter grob zerkleinern.

2. Die Eier hartkochen. Sie danach abschrecken und pellen. Die Zwiebeln schälen und in dünne Ringe schneiden. 3 Eßlöffel Butter in einem Topf erhitzen. Die Zwiebelringe und die Mangoldstiele darin kurz andünsten. Die Mangoldblätter dazugeben und das Ganze 5 bis 10 Minuten dünsten. Das Gemüse mit Salz und Pfeffer würzen. Den Ofen auf 200°C vorheizen.

3. Die restlichen Butter erhitzen und das Mehl darin kurz anschwitzen. Die Milch angießen und alles unter Rühren aufkochen lassen. Den Senf daruntermischen und die Sauce mit Salz und Pfeffer abschmecken.

4. Die Eier in dicke Scheiben schneiden. Die Hälfte der Sauce in eine Gratinform gießen. Darauf das Gemüse und die Eierscheiben legen. Die restliche Sauce darauf verteilen. Den Käse entrinden, grob raspeln und auf das Gratin streuen. Dieses etwa 15 Minuten backen.

ca. 1 Std.

ca. 600 kcal

- 700 g Mangold
- 8 Eier
- 2 rote Zwiebeln
- 6 EL Butter
- etwas Salz
- weißer Pfeffer aus der Mühle
- 3 EL Mehl
- 1/2 l Milch
- 1–2 EL mittelscharfer Senf
- 125 g junger Gouda

ÜBERBACKENE SPINATNOCKEN

ca. 1 Std.
1/2 Std. zum Ruhen
ca. 230 kcal

- 800 g frischer Blattspinat
- 50 g Greyerzer
- 200 g Magerquark
- 2 Eier
- 80 g Mehl
- etwas Salz
- schwarzer Pfeffer aus der Mühle
- etwas frisch geriebene Muskatnuß
- etwas Butter für die Form

1. Die Spinatblätter verlesen, gründlich waschen und tropfnaß in einen Topf geben. Bei mittlerer Hitze in etwa 3 Minuten zusammenfallen lassen. Danach gut abtropfen lassen.

2. Den Käse entrinden und fein reiben. Den Quark in einem Tuch ausdrücken, dann mit den Eiern, dem Mehl und der Hälfte des geriebenen Käses verrühren.

3. Den Spinat grob hacken und unter die Quarkmasse rühren. Mit Salz, Pfeffer und Muskat würzen, für 1/2 Stunde zugedeckt kalt stellen.

4. Den Ofen auf 200°C vorheizen. Reichlich Salzwasser in einem großen Topf zum Kochen bringen. Vom Spinatteig mit einem nassen Eßlöffel Nocken abstechen, diese ins leicht siedende Salzwasser gleiten lassen und darin in 5 bis 8 Minuten garziehen lassen. Mit einer Schaumkelle herausnehmen und gut abtropfen lassen.

5. Eine flache Auflaufform ausfetten, die Spinatnocken hineingeben und mit dem restlichen Käse bestreuen. Im Backofen etwa 1/4 Stunde überbacken.

ÜBERBACKENER CHICORÉE *leichte Küche • fein*

1. Den Chicorée putzen und waschen. Den bitteren Strunk jeweils keilförmig herausschneiden. Die Butter oder Margarine in einem Topf zerlassen. Dann die Chicoréestauden hineingeben und kurz andünsten, mit Salz, Pfeffer und Muskat würzen.

2. Den Weißwein angießen, dann das Gemüse bei schwacher Hitze etwa 10 Minuten zugedeckt garen.

3. Den Ofen auf 200°C vorheizen. Das Gemüse herausnehmen und gründlich abtropfen lassen. Eine feuerfeste Form mit Butter ausstreichen. Die Chicoréestauden hineingeben und mit Muskat bestreuen.

4. Die Tomaten waschen, vom Stielansatz befreien und in kleine Würfel schneiden.

5. Den Bergkäse entrinden, grob reiben und beides mit dem Ei gut mischen. Die Masse auf die Chicoréestauden geben. Den Zwieback reiben und darüberstreuen.

6. Den Chicorée im Backofen 10 bis 15 Minuten auf der mittleren Schiene überbacken. Er sollte eine goldgelbe Käsekruste haben.

| ca. 1 Std. |
| ca. 420 kcal |

- 8 mittelgroße **Chicoréestauden (ca. 1 kg)**
- 4 EL Butter oder **Margarine**
- Salz
- schwarzer Pfeffer aus **der Mühle**
- etwas frisch geriebene Muskatnuß
- $1/8$ l trockener **Weißwein**
- etwas Butter für die **Form**
- 150 g Tomaten
- 200 g Bergkäse
- 1 Ei
- 1 Zwieback

ZUCCHINIGRATIN MIT NUSSHAUBE

| **ca ¾ Std.** |
| **ca. 230 kcal** |

- 2 große Zucchini
- Salz
- 200 g passierte Tomaten (aus der Packung oder der Dose)
- 2 EL Olivenöl
- schwarzer Pfeffer aus der Mühle
- 1 Bd. Petersilie
- 2 Eigelb
- 2 EL Crème fraîche
- 60 g gemahlene Haselnüsse
- 3 Eiweiß

1. Die Zucchini waschen und putzen. Dann jeweils längs halbieren und die Hälften mit einem Teelöffel leicht aushöhlen. Das Zucchinifruchtfleisch beiseite stellen.

2. Wenig Salzwasser in einem großen Topf zum Kochen bringen. Die Zucchinihälften hineingeben und etwa 10 Minuten zugedeckt dünsten, anschließend gut abtropfen lassen.

3. Den Backofen auf 225°C vorheizen. Das Zucchinifruchtfleisch mit den passierten Tomaten und dem Oli-

venöl verrühren, mit Salz und Pfeffer würzen und in vier feuerfeste Portionsformen oder in eine flache Gratinform geben. Die Zucchinihälften daraufsetzen.

4. Die Petersilie waschen, die Blätter abzupfen und fein hacken. Die Eigelbe mit der Crème fraîche, den Haselnüssen und der Petersilie verrühren, salzen und pfeffern. Die Eiweiße steifschlagen und darunterheben. Die Masse in die Zucchinihälften füllen. Das Gratin im Ofen etwa ¼ Stunde backen.

HIRSEGRATIN MIT MANGOLD

| **ca. 1 Std.** |
| **20 Min. zum Quellen** |
| **ca. 260 kcal** |

- 1 Zwiebel
- 1 EL Öl
- 300 ml Gemüsebrühe (aus Instantpulver)
- 100 g Hirse
- 1 TL getrockneter Oregano
- 400 g Mangold
- 1 TL Butter
- Salz
- schwarzer Pfeffer aus der Mühle
- etwas Butter für die Form
- 2 kleine Tomaten
- 125 g Mozzarella

1. Die Zwiebel schälen und würfeln. Das Öl in einem Topf erhitzen, die Zwiebel darin glasig werden lassen. Die Brühe dazugießen und aufkochen, dann die Hirse und den Oregano in die Brühe geben. Die Hirse zugedeckt bei milder Hitze etwa 20 Minuten quellen lassen.

2. Den Mangold putzen und waschen. Die Stiele in dünne, das Grün in breite Streifen schneiden. Die Butter erhitzen und die Stiele darin etwa 2 Minuten anschwitzen, dann das Grün dazugeben und zusammenfallen lassen.

3. Den Mangold mit Salz und Pfeffer würzen. Den Backofen auf 225 °C vorheizen. Eine Gratinform mit Butter ausfetten. Die Hirse mit dem Mangold mischen und in die Gratinform füllen.

4. Die Tomaten waschen, vierteln, von den Stielansätzen befreien und auf das Gratin legen, sie dabei leicht in die Hirsemischung drücken. Den Mozzarella abtropfen lassen, in dünne Scheiben schneiden und diese auf das Gratin legen. Das Ganze etwa 20 Minuten überbacken.

(auf dem Foto)

SPARGELGRATIN

ca. 1 Std. 20 Min.

ca. 670 kcal

Für den Spargel:
- 1 kg weißer Spargel
- 500 g grüner Spargel
- 1 EL Salz
- 1 EL Butter
- 1 EL Zucker

Zum Gratinieren;
- 1 Handvoll frischer Kerbel
- 200 g Crème fraîche
- 2 Eier
- 100 g Butter
- 100 g Semmelbrösel
- 100 g geriebener Bergkäse
- Pfeffer

1. Den Spargel waschen. Die weißen Stangen ganz, die grünen nur im unteren Drittel schälen. Die holzigen Enden entfernen. Etwas Wasser in einem Topf aufkochen, das Salz, die Butter und den Zucker hineingeben.

2. Die weißen Spargelstangen hineingeben und zugedeckt etwa 8 Minuten garen, dann die grünen Spargelstangen dazugeben und das Gemüse zugedeckt nochmals etwa 5 Minuten garen. Gut abtropfen lassen und in eine längliche Gratinform legen.

3. Den Backofen auf 225 °C vorheizen. Den Kerbel waschen, trockentupfen und fein hacken. Mit der Crème fraîche und den Eiern verquirlen. Die Masse auf dem Spargel verteilen.

4. Die Butter in einer Pfanne bei mittlerer Hitze zerlassen, die Semmelbrösel dazugeben und hellbraun anrösten. Die Brösel über den Spargel streuen, den Bergkäse ebenfalls darüberstreuen und alles mit Pfeffer würzen. Das Gratin in den Ofen schieben und etwa 20 Minuten backen.

KAROTTEN-GORGONZOLA-GRATIN

ca. 55 Min.

ca. 460 kcal

- 1 kg Karotten
- 3/4 l Fleischbrühe (aus Instantpulver)
- 1 Knoblauchzehe
- 1 EL Butter für die Form
- 125 g Sahne
- 150 g Gorgonzola
- etwas Salz
- Pfeffer
- frisch geriebene Muskatnuß
- 1 Bd. Kerbel
- 2 EL Butter

1. Die Karotten putzen, schälen und in dünne Scheiben schneiden. Die Brühe zum Kochen bringen. Die Karottenscheiben darin etwa 1/4 Stunde garen.

2. Inzwischen den Knoblauch schälen, halbieren und eine große Auflaufform damit gut ausreiben. Dann die Form ausfetten. Den Ofen auf 200 °C vorheizen.

3. Die Sahne in einem Stieltopf aufkochen lassen. Den Gorgonzola mit einer Gabel zerdrücken und in der Sahne unter Rühren schmelzen lassen. Die Sauce mit Salz, Pfeffer und Muskatnuß abschmecken. Den Kerbel waschen, und die Blätter von den Stielen zupfen.

4. Die Karotten gründlich abtropfen lassen. Sie danach lagenweise in die Auflaufform geben und jede Lage mit etwas Gorgonzolasauce übergießen. Die Butter in Flöckchen auf dem Gratin verteilen.

5. Die Auflaufform auf die mittlere Schiene in den Backofen stellen und das Gratin etwa 1/4 Stunde überbacken. Vor dem Servieren mit Kerbel bestreuen.

FENCHEL-KAROTTEN-GRATIN   *fein · würzig*

1. Den Fenchel putzen, halbieren, waschen und in Spalten schneiden. Die Karotten und die Lauchzwiebeln schälen bzw. putzen und waschen. Die Karotten in Scheiben, die Zwiebeln in Ringe schneiden.

2. Etwas Salzwasser zum Kochen bringen und den Fenchel sowie die Karotten darin zugedeckt 6 bis 8 Minuten vorgaren. Auf ein Sieb abgießen und gut abtropfen lassen.

3. Den Backofen auf 200 °C vorheizen. Eine Auflaufform ausfetten. Die Walnüsse grob hacken. Den Knoblauch schälen und durchpressen. Knoblauch, Eier und Sahne verquirlen. Mit Salz und Pfeffer würzen.

4. Das Gemüse in die Auflaufform schichten, mit Lauchzwiebeln und Nüssen bestreuen. Die Eier-Sahne-Sauce darübergießen. Die Form mit Alufolie verschließen und das Gratin im Ofen etwa 40 Minuten backen. Während der letzten 5 Minuten die Folie entfernen und den Käse über das Gratin streuen. In der offenen Form zu Ende garen.

| ca. 1¼ Std. |
| c. 370 kcal |

- 1 kg Fenchel
- 500 g Karotten
- 2 Lauchzwiebeln
- Salz
- Butter für die Form
- 2 EL Walnußkerne
- 2 Knoblauchzehen
- 2 Eier
- 200 g Sahne
- Pfeffer
- 50 g geriebener, mittelalter Gouda

TOPINAMBURGRATIN

ca. ³/₄ Std.
ca. 690 kcal

- **800 g Topinambur (Erdbirnen)**
- **4 große Karotten**
- **1 Bd. Lauchzwiebeln**
- **400 g Sahne**
- **2 Eigelb**
- **150 g Roquefort**
- **Currypulver**
- **Cayennepfeffer**
- **Salz**
- **1 Zweig Petersilie**
- **grob gemahlener bunter Pfeffer**

1. Die Topinambur 10 Minuten in kochendem Wasser garen. Anschließend abgießen und in kaltes Wasser legen. Die Karotten schälen, waschen und in dünne Scheiben schneiden.

2. Den Backofen auf 200 °C vorheizen. Die Lauchzwiebeln putzen, waschen und in mundgerechte Stücke schneiden. Die Topinambur schälen und in walnußgroße Stücke schneiden. Die vorbereiteten Zutaten in eine flache, feuerfeste Formen füllen. Die Sahne mit den Eigelben verquirlen.

3. 100 g Roquefort mit einer Gabel zerdrücken und unterrühren. Die Sauce mit Currypulver, Cayennepfeffer und Salz würzen. Über das Gemüse gießen

4. Das Gratin im Ofen etwa 25 Minuten backen. Nach gut 20 Minuten den restlichen Roquefort in Bröseln auf das Gemüse geben. Inzwischen die Petersilie waschen, trockentupfen, die Blätter von den Stielen zupfen und in Streifen schneiden. Das Gratin vor dem Servieren mit Petersilie und buntem Pfeffer bestreuen

ROTE-BETE-GRATIN   *raffiniert • vitaminreich*

ca. 1 Std.

ca. 540 kcal

1. Den Backofen auf 200 °C vorheizen. Die rote Bete und den Rettich gründlich schälen und waschen. Beides in dünne Scheiben schneiden. Eine Gratinform ausfetten und im Wechsel rote Bete und Rettich einschichten.

2. Sahne, saure Sahne und Speisestärke glattrühren. Mit Salz, Pfeffer und Muskat würzen. Die Mischung über das Gemüse geben. Die Sonnenblumenkerne darüberstreuen. Im Backofen etwa 3/4 Stunden überbacken.

3. In der Zwischenzeit die Eier hartkochen. Herausnehmen, abschrecken und pellen. Für die Sauce den Schnittlauch waschen, gut abtropfen lassen und in feine Röllchen schneiden. Etwas davon zum Garnieren zurückbehalten.

4. Die Brühe und die Sahne aufkochen, dann vom Herd nehmen und das Eigelb mit einem Schneebesen unterziehen. Mit Salz und Pfeffer würzen. Den Schnittlauch unterrühren. Die Eier zusammen mit der Sahnesauce auf Tellern anrichten und mit Schnittlauch garnieren. Zum Rote-Bete-Gratin reichen.

- 600 g rote Bete
- 350 g Rettich
- Butter für die Form
- 200 g Sahne
- 150 g saure Sahne
- 2 EL Speisestärke
- Salz
- Pfeffer
- 1 Pr. frisch geriebene Muskatnuß
- 2 EL Sonnenblumenkerne
- 4 Eier
- 1 Bd. Schnittlauch
- 100 ml klare Brühe (aus Instantpulver)
- 150 g Sahne
- 1 Eigelb

PASTINAKEN-HIRSE-AUFLAUF *ausgefallen • sättigend*

1. Die Hirse kalt abspülen, abtropfen lassen und in 1 Eßlöffel Öl andünsten. Die Gemüsebrühe angießen. Das Ganze aufkochen lassen und im geschlossenen Topf bei geringer Hitze etwa 10 Minuten garen. Dann etwa 20 Minuten ohne Hitzezufuhr ausquellen lassen.

2. Inzwischen den Backofen auf 200°C vorheizen. Die Zwiebeln schälen und würfeln. Die Pastinaken schälen und grob raspeln. Den Brokkoli putzen. Die Röschen waschen und die Stiele schälen. Die Röschen zerteilen und die Stiele sehr fein würfeln.

3. Das restliche Öl in einer Pfanne erhitzen und die Zwiebeln darin glasig dünsten. Das zerkleinerte Gemüse dazugeben und andünsten.

4. Die ausgequollene Hirse mit dem Quark und den Eiern verrühren. Mit Salz, Pfeffer und Muskat würzen.

5. Eine flache Auflaufform mit der Butter ausfetten. Die Hirsemasse und das Gemüse abwechselnd einschichten. Die letzte Schicht gleichmäßig mit Parmesan und Petersilie bestreuen und das Ganze etwa 20 Minuten im Ofen überbacken.

(auf dem Foto: oben)

| ca. 1 Std. |
| ca. 450 kcal |

- 150 g Hirse
- 2 EL Sonnenblumenöl
- 400 ml Gemüsebrühe (aus Instantpulver)
- 2 Zwiebeln
- 300 g Pastinaken (Wurzelgemüse)
- 300 g Brokkoli
- 250 g Magerquark
- 4 Eier
- Salz
- Pfeffer
- 1 Pr. geriebene Muskatnuß
- 1 EL Butter
- 75 g Parmesan
- 2 EL gehackte Petersilie

WÜRZIGER KÜRBISAUFLAUF *nicht alltäglich • gelingt leicht*

1. Den Kürbis schälen, von dem weichen Faserteil sowie den Kernen befreien und das feste Fruchtfleisch würfeln. Die Zwiebeln schälen und in feine Würfel schneiden.

2. In einem Topf 1 Eßlöffel Butter zerlassen. Die Zwiebeln darin anbraten. Dann die Kürbiswürfel dazugeben und kurz mitdünsten.

3. Den Backofen auf 200 °C vorheizen. Eine feuerfeste Form mit etwa 1 Eßlöffel Butter ausstreichen. Den gedünsteten Kürbis und die Zwiebeln in die Form füllen. Die Eier mit der Sahne, den Gewürzen und dem Parmesankäse verquirlen und auf die Gemüsemischung gießen.

4. Den Emmentaler entrinden, reiben und den Auflauf damit bestreuen. Die restliche Butter in Flöckchen darauf verteilen und den Auflauf im Ofen etwa 1/2 Stunde überbacken.

(auf dem Foto: unten)

| ca. 1 Std. |
| ca. 400 kcal |

- 1 kg Kürbis
- 3 Zwiebeln
- 3 EL Butter
- 2 Eier
- 125 g Sahne
- Salz
- schwarzer Pfeffer aus der Mühle
- 1 Pr. geriebene Muskatnuß
- 3 EL Parmesan
- 150 g Emmentaler

GEMÜSECANNELLONI

ca. ¼ Std.
ca. 550 kcal

- **200 g Karotten**
- **1 Kohlrabiknolle**
- **300 g Brokkoli**
- **Salz**
- **Butter für die Form**
- **4 Eier**
- **200 g Sahnejoghurt (10 % Fett i.Tr.)**
- **200 g Doppelrahmfrischkäse**
- **1 TL Mehl**
- **1 Bd. Schnittlauch**
- **Pfeffer**
- **200 g Cannelloni**
- **100 g Sahne**
- **5 EL geriebener Bergkäse**

1. Das Gemüse schälen bzw. putzen, waschen und würfeln. Salzwasser aufkochen, die Karotten- und Kohlrabiwürfel darin etwa 2 Minuten garen. Die Brokkoliwürfel dazugeben, das Ganze noch ungefähr 3 Minuten garen. Gut abtropfen lassen.

2. Den Ofen auf 200 °C vorheizen. Eine Auflaufform mit Butter ausstreichen. Die Eier trennen, die Eigelbe mit Joghurt, Frischkäse und Mehl verrühren. Den Schnittlauch waschen, in Röllchen schneiden und unterziehen.

3. Die Eiweiße steifschlagen und unterheben. Die Masse salzen und pfeffern.

4. Die Joghurt-Frischkäse-Masse halbieren, eine Hälfte mit den Gemüsewürfeln vermischen und in die Cannelloni füllen. Diese nebeneinander in die Form legen. Die Sahne angießen, die übrige Joghurtmasse obenauf geben. Den Käse darüberstreuen und die Form mit Alufolie abdecken. Den Auflauf etwa ½ Stunde backen. Danach die Folie abnehmen und alles etwa ¼ Stunde gratinieren.

BUCATINIAUFLAUF MIT GEMÜSE

ca. 1¼ Std.
ca. 620 kcal je Portion

- **Salz**
- **250 g Bucatini (kleine Makkaroni)**
- **2 kleine Zucchini**
- **1 kleine Aubergine**
- **250 g Tomaten**
- **1 gelbe Paprikaschote**
- **150 g Blattspinat**
- **1 Knoblauchzehe**
- **150 g Tilsiter**
- **80 g Walnußkerne**
- **Pfeffer**
- **geriebene Muskatnuß**
- **Butter für die Form**
- **⅛ l Gemüsefond**
- **3 Eier**
- **100 g Crème fraîche**

1. Den Backofen auf 180°C vorheizen. Etwa 4 Liter Salzwasser in einem großen Topf zum Kochen bringen. Die Bucatini in Stücke brechen und darin in 10 bis 12 Minuten bißfest garen. Dann abtropfen lassen.

2. Das Gemüse putzen und waschen. Die Zucchini, die Aubergine und die Tomaten in Scheiben schneiden. Die Paprikaschote würfeln. Das Gemüse mit dem Spinat in einer Schüssel mischen.

3. Den Knoblauch schälen und durchpressen. Den Käse würfeln, die Walnüsse hacken und beides zusammen mit dem Knoblauch unter das Gemüse mischen. Das Ganze mit Salz, Pfeffer und Muskat abschmecken.

4. Eine große Auflaufform ausfetten. Die Hälfte der Nudeln hineinfüllen. Das Gemüse darauf verteilen und mit den restlichen Nudeln bedecken.

5. Den Gemüsefond mit den Eiern und der Crème fraîche verquirlen und über die Nudeln gießen. Den Auflauf 40 bis 45 Minuten backen.

MAKKARONAUFLAUF MIT AUBERGINEN *unkompliziert • sommerlich*

1. Die Makkaroni in reichlich kochendem Salzwasser 10 bis 11 Minuten garen, dabei 1 Eßlöffel Öl ins Kochwasser geben. Die Nudeln anschließend abgießen und abtropfen lassen.

2. Die Auberginen waschen, in dünne Scheiben schneiden und mit Salz bestreuen. Gute 10 Minuten ziehen lassen. Die Tomaten heiß überbrühen, kalt abschrecken, vom Stielansatz befreien, enthäuten und vierteln.

3. Den Backofen auf 200 °C vorheizen. Eine Auflaufform ausfetten. Die Schalotten schälen, hacken und im restlichen Öl glasig dünsten. Nach und nach die Auberginenscheiben darin von jeder Seite etwa 3 Minuten braten. Die Gemüsebrühe angießen. Das Ganze mit Salbei, Pfeffer und Salz würzen.

4. Makkaroni, Gemüse, Tomatenstücke und die Hälfte vom Käse in die Form schichten. Den restlichen Käse darüberstreuen. Die Butter in Flöckchen darauf setzen. Den Auflauf im Ofen 25 bis 30 Minuten backen.

ca. 1 Std.

10 Min. zum Durchziehen

ca. 523 kcal

- 250 g Makkaroni
- Salz
- 4 EL Öl
- 300 g Auberginen
- 300 g vollfreife Tomaten
- Butter für die Form
- 50 g Schalotten
- 1/8 l Gemüsebrühe (aus Instantpulver)
- 4–5 kleine Blättchen Salbei
- Pfeffer
- 100 g geriebener Parmesan
- 3 EL Butter

ca. 1¹/₂ Std.

30 min zum Marinieren

ca 430 kcal

- 1 mittelgroße Zwiebel
- 2 EL Olivenöl
- 200 g Champignons
- 330 g passierte Tomaten mit Pilzen (Fertigprodukt)
- 1 Knoblauchzehe
- Salz
- schwarzer Pfeffer aus der Mühle
- 6 EL Butter
- 4 EL Mehl
- ¹/₄ l Milch
- ¹/₈ l Gemüsebrühe (aus Instantpulver)
- 75 g geriebener Gruyère
- 150 g Vollmilchjoghurt
- 1 Wirsing (ca. 1 kg)
- etwas Butter für die Form
- 250g Lasagneblätter (ohne Kochen)

1. Die Zwiebel schälen und würfeln. Das Olivenöl in einem Topf leicht erhitzen, die Zwiebel darin glasig werden lassen. Die Champignons waschen und putzen. Die Champignons kurz im Topf mit anbraten, dann die passierten Tomaten dazugeben. Den Knoblauch schälen und durch eine Presse dazudrücken. Die Sauce mit Salz und Pfeffer würzen und bei milder Hitze etwa 10 Minuten köcheln lassen.

2. Inzwischen 4 Eßlöffel der Butter in einem Topf aufschäumen. Das Mehl dazugeben und unter Rühren mit einem Schneebesen goldgelb werden lassen, dann nach und nach die Milch und die Brühe unterrühren.

3. Den Gruyère von der Rinde befreien, in kleine Stücke schneiden, hinzufügen und unter Rühren in der Flüssigkeit schmelzen lassen. Dann den Joghurt unterziehen. Die Sauce abschmecken und warm stellen.

4. Den Wirsingkopf putzen, waschen und halbieren. Eine Hälfte vom Strunk befreien und in feine Streifen schneiden, die andere Hälfte in 4 oder 6 Spalten schneiden, die am Strunk noch zusammenhängen.

5. Reichlich Wasser aufkochen, die Wirsingspalten darin etwa 4 Minuten vorgaren, mit einem Schaumlöffel herausheben und gut abtropfen lassen. Dann die Wirsingstreifen im Wasser 2 Minuten vorgaren und ebenfalls gut abtropfen lassen.

6. Den Backofen auf 200 °C vorheizen. Eine eckige Auflaufform dünn mit Butter ausstreichen.

7. Eine Schicht Nudelblätter in die Form legen. Dann etwas Tomatensauce, einige Wirsingstreifen und etwas Käsesauce einschichten. Die Zutaten weiter in dieser Reihenfolge einschichten, dabei mit Käsesauce abschließen. Die Wirsingspalten obenauf legen und leicht in die Käsesauce drücken. Die restliche Butter in kleine Stücke schneiden und darauf legen.

8. Die Form auf der untersten Einschubleiste in den Ofen schieben und den Auflauf etwa 40 Minuten backen.

Tip
Reichen Sie einen gemischten Salat oder Feldsalat zu diesem Auflauf.

KartoffelAuflauf mit Schafskäse

ca. 1 Std.

ca. 410 kcal

- 600 g vorwiegend festkochende Kartoffeln
- Salz
- 250 g grüne Bohnen
- 250 g Tomaten
- 2 Zwiebeln
- 2 EL Olivenöl
- 175 g Schafskäse
- 1 Bd. Petersilie
- 150 g Crème fraîche
- schwarzer Pfeffer aus der Mühle

1. Die Kartoffeln schälen, waschen und in kochendem Salzwasser etwa 1/4 Stunde garen. Anschließend abgießen.

2. Inzwischen die Bohnen putzen, waschen und kleinschneiden. In kochendem Salzwasser etwa 10 Minuten garen. Herausnehmen und abtropfen lassen. Die Tomaten waschen, vom Stielansatz befreien und in Scheiben schneiden.

3. Den Backofen auf 200 °C vorheizen. Die Zwiebel schälen und in Ringe schneiden. Das Öl in einer Pfanne

erhitzen und die Zwiebeln darin glasig dünsten. Den Schafskäse in Würfel schneiden. Die Petersilie waschen, die Blätter abzupfen und fein hacken. Unter die Crème fraîche rühren. Die Kartoffeln in Scheiben schneiden.

4. Kartoffeln, Tomaten, Bohnen und Zwiebeln in eine flache Auflaufform schichten. Mit Salz und Pfeffer würzen. Die Crème fraîche als Kleckse über den Auflauf geben. Den Schafskäse darüber streuen und den Auflauf im Ofen in etwa 20 Minuten goldbraun überbacken.

BOHNENAUFLAUF MIT MOZZARELLA *braucht Zeit • würzig*

1. Die Bohnen putzen, waschen und in Stücke brechen. Die Zwiebel und den Knoblauch schälen und in feine Würfel schneiden.

2. Das Öl erhitzen. Die Gemüsezwiebel- und die Knoblauchwürfel darin glasig dünsten. Die Bohnen hinzufügen und kurz andünsten. Mit der Gemüsebrühe ablöschen. Das Ganze mit Salz und Pfeffer würzen. Zugedeckt bei mittlerer Hitze etwa 1/4 Stunde dünsten lassen.

3. Inzwischen den Backofen auf 225 °C vorheizen. Die Tomaten waschen, vom Stielansatz befreien und in Scheiben schneiden. Den Thymian waschen und die Blättchen abzupfen. Den Mozzarella abtropfen lassen und in dünne Scheiben schneiden.

4. Bohnengemüse und die Tomaten in eine flache Form schichten. Mit Salz und Pfeffer würzen. Die Hälfte vom Thymian darüberstreuen. Den Auflauf mit Mozzarella belegen und mit dem restlichen Thymian bestreuen. Im Ofen in 10 bis 15 Minuten goldbraun überbacken.

ca. 1h
ca 260 kcal

- 500 g Brechbohnen
- 1 Gemüsezwiebel
- 1 Knoblauchzehe
- 1 EL Öl
- 1/8 l Gemüsebrühe (aus Instantpulver)
- Salz
- weißer Pfeffer aus der Mühle
- 250 g mittelgroße Tomaten
- 1/2 Bd. Thymian
- 300 g Mozzarella

GRÜNKERN MIT KOHLHAUBE

ca. 1¹/₄ Std.
¹/₄ Std. zum Quellen
ca. 480 kcal

- **1 große Zwiebel**
- **1 Karotte • 2 EL Öl**
- **200 g Grünkern-schrot**
- **¹/₂ l Gemüsebrühe**
- **700 g Blumenkohl**
- **Salz**
- **300 g Brokkoli**
- **etwas Butter für die Form**
- **3 Eigelb**
- **100 g saure Sahne**
- **Pfeffer**
- **geriebene Muskatnuß**
- **3 Eiweiß • 2 EL Butter**
- **3 EL Mandelblättchen**

1. Zwiebel und Karotte schälen und würfeln. Das Öl erhitzen, die Gemüsewürfel darin kurz anbraten. Das Schrot dazugeben, anbraten, dann die Brühe angießen. Das Schrot zugedeckt bei milder Hitze in etwa ¹/₄ Stunde ausquellen lassen.

2. Blumenkohl waschen, putzen und in grobe Stücke zerteilen. In wenig Salzwasser zugedeckt etwa ¹/₄ Stunde garen.Den Brokkoli waschen, putzen und in Röschen zerteilen. Ebenfalls in Salzwasser etwa 5 Minuten garen.

3. Den Ofen auf 200 °C vorheizen, eine flache Auflaufform mit Butter ausstreichen. Blumenkohl und Brokkoli abtropfen lassen. Blumenkohl pürieren, dann mit Eigelben und saurer Sahne verrühren, mit Salz, Pfeffer und Muskat würzen. Eiweiße steifschlagen und unter das Blumenkohlpüree heben. Das Schrot in die Form füllen. Püree darüber verteilen, den Brokkoli hineinsetzen. Die Butter in Stücken darübergeben, Mandelblättchen obenauf streuen. Den Auflauf etwa 35 Minuten backen.

KARTOFFEL-GRÜNKERN-AUFLAUF

ca. 1¹/₄ Std.
ca. 720 kcal

- **2 Zwiebeln**
- **3 EL Sojaöl**
- **200 g Grünkern**
- **¹/₂ l Gemüsebrühe**
- **4 Eier**
- **150 g Crème fraîche**
- **750 g Kartoffeln**
- **Salz**
- **Pfeffer**
- **geriebene Muskatnuß**
- **1 Bd. Kerbel**
- **150 g Schmand**
- **375 g Rote Bete-Kugeln**
- **einige Petersilienblätter zum Garnieren**

1. Die Zwiebeln schälen und fein würfeln. 2 Eßlöffel Öl erhitzen und Zwiebeln sowie Grünkern darin anschwitzen. Mit Gemüsebrühe ablöschen und den Grünkern zugedeckt bei milder Hitze etwa ¹/₂ Stunde garen.

2. Die Eier mit der Crème fraîche verrühren. Die Kartoffeln schälen, waschen und sofort grob in die Eiermasse reiben, damit sie sich nicht verfärben. Die Masse mit Salz, Pfeffer und Muskatnuß kräftig würzen.

3. Den Backofen auf 200 °C vorheizen. Mit dem restlichen Öl eine Form ausfetten. Schichtweise die Kartoffelmasse und den Grünkern in die Form geben. Den Auflauf im Ofen in etwa ³/₄ Stunden goldbraun backen.

4. Den Kerbel waschen, die Blättchen von den Stielen zupfen und unter den Schmand rühren. Mit Salz und Pfeffer würzen. Die Rote Bete in eine Schale geben und zusammen mit dem Kartoffel-Grünkern-Auflauf und dem Kerbelschmand anrichten. Den Auflauf mit Petersilie garnieren.

(auf dem Foto)

BLUMENKOHL-BROKKOLI-GRATIN

ca. 1¹/₄ Std.

ca. 599 kcal

- 250 g Uncle Ben's 7 Corn-Equilinia (Reis-Getreide-Mischung)
- 500 g Brokkoli
- 500 g Blumenkohl
- ¹/₂ Bd. junge Karotten
- Salz
- Butter für die Form
- 250 g Sahne
- 2 Eier
- Pfeffer aus der Mühle
- geriebene Muskatnuß
- 100 g Greyerzer

1. Die Reis-Getreide-Mischung nach Packungsanweisung zubereiten.

2. Brokkoli und Blumenkohl putzen, waschen und in Röschen teilen. Die Brokkolistiele schälen und fein würfeln. Die Karotten putzen, dabei nicht das ganze Grün entfernen, und schälen.

3. Wenig Salzwasser zum Kochen bringen und das vorbereitete Gemüse darin getrennt jeweils etwa 8 Minuten lang garen. Dann abgießen und mit kaltem Wasser abschrecken.

4. Den Backofen auf 175 °C vorheizen. Eine flache Auflaufform ausfetten. 7 Corn-Equilinia mit den Brokkoliwürfeln mischen und in die Form geben. Blumenkohl- und Brokkoliröschen sowie die Karotten daraufsetzen.

5. Die Sahne mit den Eiern verrühren, mit Salz, Pfeffer und Muskat würzen und über das Gratin gießen. Den Käse reiben und darüberstreuen. Das Gratin im Ofen etwa ³/₄ Ofen garen. 20 Minuten vor Ende der Garzeit mit Alufolie abdecken.

BOHNENGRATIN *fein • preiswert*

1. Die Kartoffeln waschen und mitsamt der Schale etwa 20 Minuten garen. Die Kidneybohnen auf ein Sieb geben, kalt abspülen und gut abtropfen lassen.

2. Den Backofen auf 250 °C vorheizen. Eine große, flache Auflaufform ausfetten In der Zwischenzeit die Zwiebeln schälen und fein würfeln. Das Öl in einer großen Pfanne erhitzen und die Zwiebeln darin anbraten.

3. Kidneybohnen und Baked Beans zugeben. Mit Pfeffersauce, Oregano und etwas Salz würzen. Die Kartoffeln

abgießen, abschrecken, pellen und in Scheiben schneiden. Den Käse entrinden und grob raffeln.

4. Kartoffelscheiben und Bohnenmischung abwechselnd in die Form schichten. Mit Bohnen abschließen. Die Brühe darübergießen und alles mit dem Käse bestreuen.

5. Das Ganze im Backofen auf der obersten Schiene etwa 5 Minuten gratinieren. Nach Belieben vor dem Servieren mit Basilikum garnieren.

ca. 40 Min.

ca. 670 kcal

- 1 kg Kartoffeln
- 500 g Kidneybohnen (aus der Dose, z. B. von Bonduelle)
- Butter für die Form
- 3 Zwiebeln
- 2 EL Öl
- 400 g Baked Beans
- 1/2 TL Pfeffersauce (Fertigprodukt)
- 1 Pr. getrockneter Oregano
- Salz
- 100 g mittelalter Gouda
- 1/4 l Gemüsebrühe
- nach Belieben Basilikum zum Garnieren

ROSENKOHLGRATIN

ca. 1¹/₄ Std.

ca. 300 kcal

- **500 g Rosenkohl**
- **etwas Salz**
- **2 EL Butter**
- **2 EL Mehl**
- **150 ml Milch**
- **100 g Sahne**
- **50 g Parmesan**
- **1 Ei**
- **120 g Sojawurst (in Bioläden erhältlich)**
- **Pfeffer aus der Mühle**
- **etwas Butter für die Form**

1. Den Rosenkohl putzen und waschen. Die Strünke über Kreuz einschneiden, Reichlich Salzwasser zum Kochen bringen und den Rosenkkohl darin 12 bis 15 Minuten kochen. Den Ofen auf 200°C vorheizen.

2. Die Butter erhitzen. Das Mehl darin anschwitzen. Dann Milch und Sahne unter Rühren dazugießen unddas Ganze aufkochen lassen, bis die Sauce sämig wird. Den Parmesan fein reiben. Das Ei trennen. Den Käse und das Eigelb unter die nicht mehr kochende Sauce rühren.

3. Die Sojawurst zuerst in Scheiben, dann in Streifen schneiden. Den gegarten Rosenkohl gut abtropfen lassen. Dann mit den Sojawurststreifen unter die Sauce rühren. Alles mit Salz und Pfeffer pikant abschmecken.

4. Eine große Auflaufform ausfetten. Das Eiweiß steifschlagen, vorsichtig unter das Gemüse heben und dieses in die Form geben. Das Gratin auf der mittleren Schiene im Ofen in etwa 20 Minuten goldgelb überbacken.

PFIFFERLING-WIRSING-AUFLAUF

ca. ³/₄ Std.

ca. 240 kcal

- **600 g Wirsing**
- **200 ml Gemüsefond (aus dem Glas)**
- **Butter für die Form**
- **250 g Pfifferlinge**
- **1 Zwiebel**
- **2 EL Öl**
- **2 EL Halbfettbutter**
- **1 EL Mehl**
- **125 g Crème fraîche**
- **Salz**
- **Pfeffer aus der Mühle**
- **frisch geriebene Muskatnuß**
- **100 g Toasties Allgäuer**

1. DenWirsing putzen, waschen und in Streifen schneiden. Den Gemüsefond in einem Topf aufkochen und den Wirsing darin etwa ¹/₄ Stunde dünsten.

2. Den Backofen auf 250 °C vorheizen. Eine Auflaufform ausfetten Die Pilze putzen. Die Zwiebel schälen und würfeln. Das Öl in einer Pfanne erhitzen und die Zwiebel sowie die Pilze darin anbraten. Den Wirsing durch ein Sieb abgießen, dabei den Fond auffangen.

3. Die Butter in einem Topf zerlassen. Das Mehl hinzufügen und unter Rühren anschwitzen lassen. Den Fond zugeben, und das Ganze gut verrühren. Die Sauce vom Herd nehmen und die Crème fraîche unterziehen. Mit den Gewürzen kräftig abschmecken.

4. Die Wirsingstreifen in die Form füllen. Die Pilze in der Mitte streifenförmig anrichten. Die Sauce darüber verteilen. Den Käse in fingerbreite Streifen schneiden und V-förmig darauf dekorieren. Den Auflauf im Ofen etwa 10 Minuten überbacken.

(auf dem Foto)

1. Die Rettiche unter fließendem Wasser kräftig abbürsten und dann in hauchdünne Scheiben hobeln. Den Backofen auf 200°C vorheizen.

2. Eine Auflaufform ausfetten. Die Scheiben schuppenartig darin einschichten und jede Schicht mit etwas Salz und Pfeffer würzen.

3. Die Sahne im Mixer mit der Stärke verquirlen, bis eine glatte Sauce entsteht.

4. Die Sauce gleichmäßig über die Rettichscheiben gießen. Das Gratin im Ofen etwa 1/2 Stunde backen.

(auf dem Foto)

Tip
Üblicherweise wird weißer Rettich roh verzehrt, es gibt leckere Rezepte, in denen Rettich gegart wird. Zum Beispiel Rettichsuppe oder das hier beschriebene Rettichgratin.

ca. 40 Minuten
ca. 210 kcal

- 2 mittelgroße weiße Rettiche
- Butter für die Form
- etwas Salz
- Pfeffer aus der Mühle
- 250 g Sahne
- 1 EL Speisestärke

1. Die Gemüsebrühe und die Milch zum Kochen bringen. Den Polentagrieß unter Rühren mit einem Kochlöffel einstreuen. Das Ganze einmal aufkochen lassen. Dann die Herdplatte ausschalten, den Topf verschließen und die Polenta in etwa 20 Minuten ausquellen lassen.

2. Anschließend die Butter und 2 Eßlöffel Parmesan unterrühren. Die Polenta mit Salz abschmecken.

3. Eine flache Form mit Butter ausstreichen. Die Polenta hineinfüllen und glattstreichen. Die Schicht sollte etwa 1 cm hoch sein. Die Polenta etwas abkühlen lassen.

4. Die Pilze waschen, putzen und in sehr dünne Scheiben schneiden. Vom Rosmarin die Nadeln abziehen und sie etwas kleinschneiden. Den Ofen auf 220 °C vorheizen.

5. Auf die Polenta zuerst den Rosmarin streuen, dann die Champignons schuppenartig darauf legen. Die Sahne darauf streichen und sie mit dem restlichen Parmesan bestreuen. Alles im Backofen 10 bis 15 Minuten gratinieren.

6. Das Polentagratin aus dem Ofen nehmen und einige Minuten leicht abkühlen lassen, dann können Sie es besser schneiden. Auf 4 vorgewärmten Tellern anrichten.

ca. 3/4 Std.
ca. 410 kcal

- 400 ml Gemüsebrühe (aus Instantpulver)
- 400 ml Milch
- 160 g Polentagrieß
- 2 EL Butter
- 8 EL frisch geriebener Parmesan
- Salz
- Butter für die Form
- 200 g Champignons
- 1 Zweig Rosmarin
- 4 EL geschlagene Sahne

SCHWEIZER PAPRIKAAUFLAUF

ca. 1/2 Std.

20 Min. zum Quellen

ca. 250 kcal

- 125 g Langkornreis
- Salz
- 1 große grüne Paprikaschote
- 1 Frühlingszwiebel
- 2 Tomaten
- 4 EL Butter oder Pflanzenmargarine
- Butter für die Form
- 1 Ei
- 1/8 l Milch
- 1 EL gemischte TK-Kräuter
- 1 EL geriebener Emmentaler

1. Den Reis nach Packungsanweisung in Salzwasser garen.

2. Die Paprikaschote halbieren, von Stielansatz und Kernen befreien, waschen und in Streifen schneiden. Den Ofen auf 200 °C vorheizen.

3. Die Frühlingszwiebel putzen und in Ringe schneiden. Die Tomaten waschen, vom Stielansatz befreien und das Fruchtfleisch vierteln. Die Butter oder Pflanzenmargarine in einem Topf erhitzen und die Zwiebel darin andünsten. Paprikaschote und Tomatenviertel hinzugeben. Das Gemüse unter Rühren 5 Minuten garen.

4. Eine Auflaufform ausfetten und die Hälfte vom Reis hineinfüllen. Darauf das Gemüse und den Rest vom Reis schichten.

5. Das Ei mit der Milch und den Kräutern verquirlen, würzen und darübergießen. Alles mit dem geriebenen Käse bestreuen. Den Auflauf etwa 20 Minuten im Backofen überbacken.

BÖHMISCHER SAUERKRAUTAUFLAUF

ca. 1 1/4 Std.

ca. 280 kcal

- 500 g Kartoffeln
- Salz
- 1/8 l Milch
- 1 Zwiebel
- 2 säuerliche Äpfel
- 2 EL kaltgepreßtes Öl
- 375 g Sauerkraut (aus dem Beutel)
- 125 g saure Sahne
- Butter für die Form
- 2 EL Butter

1. Die Kartoffeln schälen und waschen. Reichlich Salzwasser in einem großen Topf zum Kochen bringen und die Kartoffeln darin weich garen. Sie anschließend abgießen, kurz abdampfen lassen und pürieren. Mit der Milch geschmeidig rühren.

2. Die Zwiebel schälen und fein würfeln. Die Äpfel waschen, halbieren, vom Kerngehäuse befreien und grob raspeln. In einem Topf das Öl erhitzen. Die Zwiebel, das Sauerkraut und die Äpfel darin zugedeckt etwa 1/2 Stunde dünsten.

3. Die saure Sahne unterrühren. Den Backofen auf 180 °C vorheizen.

4. Eine Auflaufform ausfetten. Zunächst die Hälfte des Kartoffelpürees, dann die Kraut-Apfel-Mischung einschichten. Mit dem restlichen Kartoffelpüree abdecken und die Butter in Flöckchen darauf setzen.

5. Den Auflauf im Backofen etwa 3/4 Stunden garen.

AMSTERDAMER EIERAUFLAUF   *ausgefallen · sättigend*

1. Die Pfirsiche und die Tomaten heiß überbrühen, enthäuten, entkernen und das Fruchtfleisch in Scheiben schneiden. Die Zwiebel schälen und fein hacken. Die Frühlingszwiebeln putzen und in dünne Streifen schneiden. Die Pilze putzen und blättrig schneiden.

2. Die Butter in einer Pfanne erhitzen und die Zwiebel darin glasig dünsten. Die Frühlingszwiebeln dazugeben und kurz mitdünsten. Dann die Champignons hinzufügen und ebenfalls unter Rühren kurz mitdünsten.

3. Den Ofen auf 200 °C vorheizen. Die saure Sahne mit dem Gouda verrühren und die Sauce mit Salz, Pfeffer sowie Muskat würzen. Den Schnittlauch unterziehen.

4. Eine Auflaufform ausfetten und alle Zutaten (bis auf die Sauce und die Eier) schichtweise hineingeben. Die Eier pellen, in Scheiben schneiden und darauf verteilen. Alles mit der Käsesauce überziehen.

5. Den Auflauf im Backofen 10 bis 15 Minuten backen, herausnehmen und sofort servieren.

azca. 40 Min.

ca. 430 kcal

- 2 frische Pfirsiche
- 4 Tomaten
- 1 Zwiebel
- 1 Bd. Frühlingszwiebeln
- 400 g Champignons
- 2 EL Butter
- 120 g saure Sahne
- 150 g geriebener Gouda
- Salz
- Pfeffer
- geriebene Muskatnuß
- 2 EL Schnittlauchröllchen
- Butter für die Form
- 6 hartgekochte Eier

italienisch • üppig

ÜBERBACKENE GNOCCHI ALLA ROMANA

ca. 1¹/₂ Std.

ca. 680 kcal

Für die Gnocchi:
- **1 kg mehligkochende Kartoffeln**
- **Salz**
- **ca. 200 g Mehl**
- **75 g Pecorino (ital. Hartkäse aus Schafsmilch)**
- **2 TL getrockneter Majoran**
- **Pfeffer aus der Mühle**
- **Butter für die Form**
  Außerdem:
- **100 g Butter**
- **100 g Pecorino**

1. Für die Gnocchi die Kartoffeln schälen, vierteln und in wenig Salzwasser zugedeckt in 20 bis 25 Minuten gar kochen.

2. Die Kartoffeln abgießen, gut ausdampfen lassen und noch warm durch eine Kartoffelpresse in eine Schüssel drücken. Das Mehl hinzufügen und nach und nach unterkneten, bis der Teig fest, aber nicht zu trocken ist.

3. Den Pecorino reiben und zum Kartoffelteig geben, diesen mit Salz, Majoran und Pfeffer würzen. Den Ofen auf 225 °C vorheizen.

4. Eine Gratinform ausfetten. Den Kartoffelteig portionsweise auf einer bemehlten Arbeitsfläche zu fingerdicken Rollen formen und diese in etwa 4 cm lange Stücke schneiden. Jedes Teigstück mit einer Gabel eindrücken.

5. Die Gnocchi dachziegelartig in die Form schichten. Die Butter in kleine Flöckchen schneiden und über den Gnocchi verteilen. Den Käse reiben und darüberstreuen. Alles mit Pfeffer würzen.

6. Das Gratin im Ofen in etwa ¹/₂ Stunde goldgelb überbacken.

ÜBERBACKENE ZUCCHINI *köstlich• italienisch*

1. Die Tomaten über Kreuz einritzen, kochend heiß überbrühen, vom Stielansatz befreien, enthäuten, entkernen und das Fruchtfleisch grob würfeln.

2. Die Zwiebel schälen, würfeln und zusammen mit dem Olivenöl in einen Topf geben. Die Zwiebelwürfel bei mittlerer Hitze glasig werden lassen. Tomaten dazugeben und das Ganze etwa 5 Minuten offen garen. 1½ Eßlöffel Basilikum hinzufügen.

3. Die Tomaten kräftig mit Salz und Pfeffer würzen und in eine längliche Gratinform füllen. Den Ofen auf 225 °C vorheizen. Die Zucchini waschen, putzen und längs halbieren, die Hälften nebeneinander mit den Schnittflächen nach oben auf die Tomaten setzen.

4. Den Schnittlauch mit dem Parmesan, der Butter, den Semmelbröseln und der Sahne vermengen. Die Masse mit Salz und Pfeffer würzen und über die Zucchini verteilen.

5. Die Form auf der mittleren Einschubleiste in den Ofen schieben und das Gratin etwa ½ Stunde backen. Mit Basilikum garnieren.

| ca. 1¼ Std. |
| ca. 410 kcal |

- 1 kg vollreife Fleischtomaten
- 1 Gemüsezwiebel
- 2 EL Olivenöl
- 2 EL gehacktes Basilikum
- Salz
- schwarzer Pfeffer aus der Mühle
- 2 große, gleichmäßig geformte Zucchini
- 3 EL Schnittlauchröllchen
- 4 EL frisch geriebener Parmesan
- 75 g weiche Butter
- 3 EL Semmelbrösel
- 3–4 EL Sahne

BLUMENKOHL À LA HOLLANDAISE

ca. 40 Min.
ca. 110 kcal

- 1 großer, fester Blumenkohl
- 1 Beutel Sauce Hollandaise
- Butter für die Form
- 2 EL geriebener Käse
- 2 EL Butter

1. Vom Blumenkohl die äußeren Blätter entfernen und den Strunk abschneiden, dann den Kopf gründlich waschen.

2. Den Blumenkohl in einem Topf auf einem Siebeinsatz oder direkt in reichlich kochendes Wasser geben. Zugedeckt in etwa 20 Minuten bißfest garen.

3. Eine Auflaufform ausfetten und den Backofen auf 220 °C vorheizen. Den Blumenkohl abgießen, dabei das Kochwasser auffangen. Die Sauce Hollandaise nach Packungsanweisung mit 1/4 Liter Blumenkohlwasser zubereiten.

4. Den Blumenkohl in die Form legen und mit der Sauce Hollandaise übergießen. Mit dem Käse bestreuen. Die Butter in Flöckchen darauf setzen.

5. Den Blumenkohl im Backofen etwa 1/4 Stunde überbacken.

Tip
Dazu passen Salzkartoffeln oder Kartoffelpüree.

ISRAELISCHER KÄSEAUFLAUF

ca. 1 1/2 Std.
ca. 580 kcal

- 1 kg frischer Spinat
- Butter für die Form
- 150 g Cheddar
- 150 g Butterkäse
- 150 g Schafskäse
- 250 g Magerquark
- 3 Eier
- 3 EL Mehl
- 3 Dillzweige
- Salz
- Pfeffer aus der Mühle
- 2 EL geriebener Parmesan

1. Den Spinat gründlich waschen und verlesen. Tropfnaß in einen Topf geben und einige Minuten zugedeckt bei schwacher Hitze zusammenfallen lassen. Den Spinat dann abtropfen lassen und grob hacken.

2. Eine flache, feuerfeste Form dünn mit Butter ausstreichen. Den Backofen auf 175 °C vorheizen.

3. Den Cheddar, den Butterkäse und den Schafskäse sehr fein würfeln. Den Magerquark mit den Eiern und dem Mehl verrühren, den vorbereiteten Käse und den Spinat unterrühren.

4. Den Dill waschen, trockentupfen, fein hacken und unter die Spinatmischung rühren. Die Mischung mit Salz und Pfeffer abschmecken und in die vorbereitete Form umfüllen. Den Parmesan gleichmäßig darüberstreuen.

5. Den Auflauf im Ofen auf der zweiten Einschubleiste von unten etwa 50 Minuten backen.

RAMEQUIN *aus der Schweiz • würzig*

1. Den Backofen auf 200 °C vorheizen. Eine eckige, große Auflaufform mit Butter ausstreichen.

2. Das Weißbrot in Scheiben schneiden. Die Käsescheiben auf Weißbrotgröße zurechtschneiden.

3. Die Weißbrot- und die Käsescheiben immer abwechselnd einander überlappend in die Form legen.

4. Die Milch mit den Eiern, Salz, Pfeffer und Muskat verquirlen und die Eiermilch gleichmäßig über die Brotscheiben träufeln.

5. Den Auflauf auf der zweiten Einschubleiste von oben in den Ofen schieben und in etwa 1/2 Stunde goldbraun backen.

Tip
Diese Schweizer Spezialität ist schnell gemacht und erfordert nur wenige Zutaten. Ideal, wenn Sie zum Beispiel unerwartet Gäste erwarten.

ca. 3/4 Std.

ca. 750 kcal

- **Butter für die Form**
- **400 g Kastenweißbrot**
- **300 g Emmentaler, in Scheiben geschnitten**
- **1/2 l Milch**
- **3 Eier**
- **1/2 TL Salz**
- **weißer Pfeffer aus der Mühle**
- **geriebene Muskatnuß**

TORTILLAGRATIN

ca. 1¹/₂ Std.

1 Std. zum Ruhen

ca. 1250 kcal

Für die Tortillas:
- **300 g Weizenmehl**
- **200 g feines Mais-mehl**
- **1 TL Salz**
- **150 ml Öl**
- **etwa 200 ml lauwar-mes Wasser**
- **etwas Mehl zum Aus-rollen und Bestäuben**

Außerdem:
- **Öl für die Form**
- **4 Eier**
- **750 g vollreife Tomaten**
- **1 große Zwiebel**
- **1 EL Öl zum Braten sowie reichlich Öl zum Fritieren**
- **Salz**
- **schwarzer Pfeffer aus der Mühle**
- **Cayennepfeffer oder Tabasco**
- **280 g Kidneybohnen (aus der Dose)**
- **150 g Käse, z. B. Emmentaler oder Cheddar**

1. Die beiden Mehlsorten, das Salz und das Öl in eine große Schüssel geben und verrühren. Nach und nach das lauwarme Wasser dazu-gießen. Das Ganze zunächst weiter verrühren, dann auf einer Arbeitsfläche gründlich zu einem glatten Teig verkne-ten. Den Teig zugedeckt etwa 1 Stunde ruhen lassen.

2. Vom Teig etwa tisch-tennisballgroße Portionen abnehmen und diese auf einer leicht bemehlten Arbeitsfläche zu dünnen, etwa 18 cm großen Fladen ausrollen. Die ausgerollten Fladen leicht mit Mehl bestäuben, stapeln und zudecken, damit sie nicht austrocknen.

3. Eine gußeiserne Pfanne stark erhitzen. Nach und nach die Teigfladen darin von jeder Seite etwa 30 Se-kunden backen, dabei die sich bildenden Blasen flach-drücken. Es sollten sich klei-ne braune Punkte bilden. Fertige Tortillas zusammen-rollen, unter einem Tuch auskühlen lassen.

4. Den Backofen auf 200 °C vorheizen. Eine große Gra-tinform mit Öl ausstreichen.

5. Die Eier anstechen und in etwa 8 Minuten hartkochen. Die Eier anschließend kalt abschrecken, pellen und in Achtel schneiden.

6. Die Tomaten über Kreuz einritzen, kurz in kochend heißes Wasser legen, heraus-heben und enthäuten, sie dann würfeln, dabei die Ker-ne und die grünen Stielansät-ze entfernen.

7. Die Zwiebel schälen und klein würfeln, zusammen mit 1 Eßlöffel Öl in einen Topf geben und die Zwiebel glasig werden lassen. Die Tomaten dazugeben und unter Rühren etwa 5 Minuten leicht kochen lassen. Die Sauce mit Salz, Pfeffer und Cayennepfeffer oder Tabasco pikant abschmecken. Die Kidney-bohnen abtropfen lassen. Den Käse grob reiben.

8. Reichlich Öl zum Fritieren auf 180 °C erhitzen. Die Tor-tillas in 2 cm breite Stücke schneiden und portionsweise in dem Öl knusprig aus-backen. Die Streifen heraus-heben und abtropfen lassen.

9. Die Tortillas, die Eier und die Kidneybohnen in die Form geben, die Tomaten-sauce und den Käse darauf verteilen.

10. Die Form auf der mittle-ren Einschubleiste in den Ofen schieben und das Gra-tin etwa 25 Minuten über-backen.

ZUCCHINI-AUBERGINEN-AUFLAUF

ca. 1 Std.
35 Min. zum Quellen
ca. 480 kcal

- 125 g Naturreis
- Salz
- 2 Zucchini
- 2 Zwiebeln
- 2 Knoblauchzehen
- 1 kleine Aubergine
- 1 EL Butter
- Salz
- Pfeffer aus der Mühle
- Butter für die Form
- 12 Scheiben
  Baguettebrot
- $^{3}/_{8}$ l Milch
- 4 Eigelb
- 100 g mittelalter
  Gouda
- 1 Bd. Petersilie

1. Den Reis nach Packungsanweisung in Salzwasser in
etwa 35 Minuten ausquellen
lassen. Die Zucchini und die
Aubergine putzen und
waschen. Die Zucchini in
Scheiben, die Aubergine in
Streifen schneiden.

2. Die Zwiebel und den
Knoblauch jeweils schälen
und fein hacken. Die Butter
erhitzen und die Zwiebel-
sowie Knoblauchwürfel darin
andünsten. Das Gemüse hinzufügen und andünsten. Mit
Salz und Pfeffer würzen.

3. Eine Auflaufform ausfetten und den Backofen auf

200 °C vorheizen. Den Reis
abgießen und in der Form
verteilen. Das Gemüse darüber geben. Die Brotscheiben
fächerartig darauf legen.

4. Milch und Eigelbe verquirlen. Salzen und pfeffern.
Den Käse raspeln. Die Hälfte
davon in die Eiermilch
rühren. Die Petersilie
waschen und hacken. Eben-
falls in die Eiermilch rühren.

5. Die Eiermilch über den
Auflauf gießen. Das Ganze
im Ofen 40 bis 45 Minuten
backen. Den restlichen Käse
etwa 10 Minuten vor Ende
der Garzeit darüberstreuen.

Auberginenauflauf

würzig · vollwertig

1. Roggenkörner zusammen mit $1/4$ Liter Wasser aufkochen, dann über Nacht quellen lassen. Abgießen. Zwiebeln und Knoblauch schälen. Zwiebeln achteln, Knoblauch würfeln. Die Kräuter waschen und die Blättchen abzupfen. Den Käse reiben.

2. 2 Eßlöffel Öl erhitzen. Zwiebeln und Knoblauch darin glasig dünsten. Tomaten, Roggen und Kräuter bis auf einige zum Garnieren, zufügen. Das Ganze zum Kochen bringen, mit Salz sowie Cayennepfeffer würzen und etwa $1/4$ Stunde garen.

3. Auberginen waschen, putzen und in etwa 1 cm dicke Scheiben schneiden. Diese nebeneinander legen, salzen und 20 Minuten ruhen lassen. Den Ofen auf 200 °C vorheizen. Quark und Speisestärke glattrühren. Zusammen mit der Hälfte der Oliven und des Käses zur Tomatensauce geben.

4. Auberginen im restlichen Öl anbraten und zusammen mit der Sauce in eine Form geben. Mit restlichem Käse bestreuen und etwa $1/2$ Stunde backen. Mit Kräutern und restlichen Oliven garnieren.

ca. 2 Std.

12 Std. zum Quellen

ca. 530 kcal

- 150 g Roggenkörner
- 2 Gemüsezwiebeln
- 2 Knoblauchzehen
- je 1 Bd. Majoran und Thymian
- 100 g mittelalter Gouda
- 4 EL Olivenöl
- 500 g stückige Tomaten
- Salz
- Cayennepfeffer
- 600 g Auberginen
- 100 g Magerquark
- 1 TL Speisestärke
- 170 g grüne Oliven ohne Kern

MITTELMEERGRATIN

mediterran • saftig

ca. 1¹/₄ Std.

ca. 520 kcal

- Salz • 1 Aubergine
- 1 Gemüsezwiebel
- 500 g Zucchini
- 2 Fleischtomaten
- je 1 rote und gelbe Paprikaschote
- Olivenöl und Semmelbrösel für die Form
- Pfeffer aus der Mühle
- 5 Scheiben Toastbrot
- 200 ml Milch
- 3 EL gehackte Petersilie • 1 EL Majoran
- 3 gehackte Knoblauchzehen
- 150 g Gorgonzola
- 5 EL Olivenöl

1. Salzwasser zum Kochen bringen. Die Aubergine waschen, putzen und in etwa ¹/₂ cm dicke Scheiben schneiden. Die Zwiebel schälen und in Scheiben schneiden. Beides in das kochende Wasser geben und etwa 3 Minuten garen. Abtropfen lassen.

2. Die Zucchini und die Tomaten waschen, putzen und ebenfalls in Scheiben schneiden. Die Paprikaschoten waschen, putzen und in grobe Stücke schneiden.

3. Den Backofen auf 225 °C vorheizen. Eine Gratinform mit Öl ausstreichen und mit Semmelbröseln ausstreuen. Alle Gemüsessorten senkrecht dicht an dicht hineinsetzen. Salzen und pfeffern.

4. Das Toastbrot entrinden, in der Milch einweichen und mit einer Gabel zerdrücken. Kräuter, Knoblauch und den Gorgonzola dazugeben. Alles gründlich vermengen und mit Salz und Pfeffer würzen. Die Brot-Käse-Mischung über das Gemüse verteilen, das Olivenöl darüberträufeln. Das Gratin etwa ¹/₂ Stunde backen.

RATATOUILLEAUFLAUF

französisch • aromatisch

ca. 1¹/₂ Std.

ca. 520 kcal

- 250 g Zwiebeln
- 500 g Auberginen
- 500 g Zucchini
- je 1 grüne, rote und gelbe Paprikaschote
- 1 kg Tomaten
- 2 rote Chilischoten
- 4 Knoblauchzehen
- 2 Zweige frischer Thymian
- 2 Zweige frischer Rosmarin
- 6 EL Olivenöl
- Pfeffer aus der Mühle
- 250 g Gruyère, in Scheiben

1. Die Zwiebeln schälen und in Spalten schneiden. Auberginen, Zucchini und Paprikaschoten waschen, putzen und in dünne Scheiben bzw. grobe Stücke schneiden.

2. Die Tomaten über Kreuz einritzen, kochend heiß überbrühen, vom Stielansatz befreien, enthäuten und die Hälfte hacken. Restliche Tomaten in Scheiben schneiden. Chilischoten aufschlitzen, entkernen und waschen, in feine Streifen schneiden. Knoblauch schälen und hacken. Kräuter waschen, trockentupfen und hacken.

3. Das Öl erhitzen. Das Gemüse (bis auf die Tomatenscheiben) hineingeben und anbraten. Chili und Knoblauch dazugeben, mit Salz und Pfeffer würzen. Die Kräuter hinzufügen. Alles halb zugedeckt etwa ¹/₂ Stunde köcheln lassen. Den Ofen auf 200 °C vorheizen. Das Gemüse pikant abschmecken und in eine Auflaufform geben. Die Tomatenscheiben darauf legen, salzen und pfeffern. Den Käse darauf legen. Den Auflauf etwa 35 Minuten backen.

(auf dem Foto)

SCHWEIZER SPINATKARTOFFELN

| ca. 1½ Std. |
| ca. 900 kcal |

- 1 kg frischer Spinat, möglichst Wurzelspinat
- Salz
- Pfeffer aus der Mühle
- geriebene Muskatnuß
- 1 kg festkochende Kartoffeln
- 250 g Gruyère
- 300 g Sahne
- 4 Eigelb
- Butter für die Form
- 75 g Butterflöckchen

1. Den Spinat gründlich waschen und putzen. Tropfnaß in einen Topf geben und zugedeckt bei mittlerer Hitze 5 bis 10 Minuten zusammenfallen lassen. Gut abtropfen lassen, anschließend hacken und mit Salz, Pfeffer sowie Muskat würzen.

2. Die Kartoffeln schälen, waschen und in sehr dünne Scheiben schneiden. Reichlich Salzwasser aufkochen, die Kartoffelscheiben darin zugedeckt etwa 2 Minuten vorgaren. Die Scheiben gut abtropfen lassen.

3. Den Käse reiben. Den Ofen auf 200 °C vorheizen. Eine Gratinform ausfetten, eine Schicht Kartoffeln dachziegelartig hineinlegen Mit etwas Käse bestreuen, dann eine Schicht Spinat hineingeben. Abwechselnd Kartoffelscheiben, Spinat und Käse einschichten, mit Kartoffeln und Käse abschließen.

4. Sahne und Eigelbe verquirlen, mit Salz, Pfeffer und Muskat würzen und darüber gießen. Butterflöckchen darauf setzen. Das Gratin etwa 40 Minuten backen.

TIROLER KARTOFFEL-TOPFEN-AUFLAUF

| ca. 1½ Std. |
| ca. 320 kcal |

- 600 g Kartoffeln
- 1 EL Kümmel
- Meersalz
- 2 Zwiebeln
- 250 g Karotten
- 250 g Schwarzwurzeln
- 150 g Erbsen
- 250 g Quark
- 150 g Sahne
- 1 Ei
- 1 EL gehackter Majoran
- Pfeffer aus der Mühle
- geriebene Muskatnuß
- Butter für die Form
- 2 EL Schnittlauchröllchen

1. Die Kartoffeln waschen, und zusammen mit dem Kümmel in reichlich Salzwasser 20 bis 30 Minuten garen. Dann abgießen, schälen und in 1 cm dicke Scheiben schneiden.

2. Inzwischen die Zwiebeln sowie die Karotten schälen und in Scheiben schneiden. Die Schwarzwurzeln schälen, waschen und in Stücke schneiden. Karotten, Schwarzwurzeln und Erbsen kurz blanchieren und abschrecken.

3. Den Backofen auf 180 °C vorheizen. Den Quark mit der Sahne, dem Ei und dem Majoran glattrühren und mit Meersalz, Pfeffer und Muskat kräftig würzen.

4. Eine Auflaufform ausfetten und alle Zutaten schichtweise hineingeben.

5. Den Quark über den Auflauf verteilen und das Ganze etwa ½ Stunde backen, herausnehmen und mit fein geschnittenem Schnittlauch bestreuen.

GRATINIERTE SCHWEDISCHE KARTOFFELN

einfach • sahnig

1. Den Backofen auf 175 °C vorheizen. Die Kartoffeln schälen und waschen. Jede Kartoffel nacheinander auf einen Löffel legen und dicht an dicht mit einem scharfen Messer einschneiden.

2. Die Kartoffeln mit Salz bestreuen und in eine feuerfeste Form legen. Im Backofen etwa 20 Minuten vorgaren.

3. Inzwischen den Salbei waschen, trockentupfen und, bis auf ein Sträußchen zum Garnieren, die Blätter abzupfen. Die Sahne über die Kartoffeln gießen.

4. Alles mit Salbeiblättern, Parmesan und Pfeffer bestreuen. Die Kartoffeln nochmals etwa 40 Minuten im Backofen garen. Vor dem Servieren mit dem restlichen Salbei garnieren.

Tip
Für dieses Rezept eignen sich neue Kartoffeln besonders gut. Eventuell sollten Sie die Kartoffeln beim Vorgaren mit Alufolie abdecken, damit sie nicht zu sehr austrocknen.

| ca. 1¼ Std. |
| ca. 480 kcal |

- **750 g kleine Kartoffeln**
- **Salz**
- **3 Stiele Salbei**
- **400 g Sahne**
- **50 g frisch geriebener Parmesan**
- **bunter Pfeffer aus der Mühle**

VEGETARISCHE LASAGNE

ca. 1¼ Std.
ca. 300 kcal

- 1 kleine Zwiebel
- 2 EL kaltgepreßtes Öl
- 250 ml Tomaten-Basilikum-Nudelsauce (Fertigprodukt)
- 500 g gestückelte Tomaten (aus der Packung)
- Salz
- Pfeffer aus der Mühle
- ½ TL getr. Oregano
- ½ TL getr. Rosmarin
- ¼ l Béchamelsauce (Fertigprodukt)
- 150 g Lasagneblätter
- 50 g geriebener Käse

1. Die Zwiebel schälen und fein würfeln. Das Öl in einem Topf erhitzen und die Zwiebel darin glasig dünsten. Die Tomaten-Basilikum-Nudelsauce und die Tomaten dazugeben. Das Ganze mit Gewürzen sowie Kräutern abschmecken und 5 Minuten zugedeckt kochen.

2. Die Béchamelsauce nach Packungsanweisung zubereiten. Den Backofen auf 250 °C vorheizen. Den Boden einer Auflaufform mit Béchamelsauce bedecken.

3. Eine Schicht Lasagneblätter trocken darauflegen. Dann schichtweise Tomatensauce, Lasagneblätter, Béchamelsauce, Lasagneblätter und wieder Sauce aufeinanderlegen. Die letzte Schicht sollten Lasagneblätter sein, diese mit Sauce bedecken und mit Käse bestreuen. Die Form mit Alufolie verschließen.

4. Den Auflauf im Ofen etwa ¾ Stunden überbacken, nach einer ½ Stunde die Alufolie entfernen. Vor dem Servieren kurz ruhen lassen.

PASTA-KÄSE-AUFLAUF

ca. 1 Std. 20 Min.
ca. 760 kcal

- Salz • 400 g grüne Spaghetti
- 1 Schalotte
- 2 EL Butter
- 2 EL Mehl
- 300 ml Milch
- Pfeffer aus der Mühle
- geriebene Muskatnuß
- 80 g ger. Cheddar
- 3 EL ger. Parmesan
- 2 TL Dijonsenf
- 1 EL gehackte Petersilie
- Butter für die Form
- 1 EL Semmelbrösel
- 1 Ei
- 150 g Mozzarella

1. Den Ofen auf 200 °C vorheizen. Salzwasser zum Kochen bringen und die Spaghetti darin bißfest garen. Die Schalotte schälen, fein hacken und in der Butter glasig dünsten. Das Mehl dazugeben und anschwitzen. Die die Milch einrühren und die Sauce einkochen lassen.

2. Mit Salz, Pfeffer und Muskat würzen. Cheddar, 1 Eßlöffel Parmesan, den Senf und die Petersilie dazugeben. Die Nudeln abtropfen lassen und mit der Käsesauce mischen. Eine runde Form ausfetten. 2 Eßlöffel Parmesan mit den Semmelbröseln

mischen. Die Form mit der Hälfte davon ausstreuen. Das Ei verquirlen, dazugeben und den Rest der Käse-Semmelbrösel-Mischung darüberstreuen. Ein Drittel der Nudeln in die Form geben. Mozzarella in Scheiben schneiden und ein Drittel davon auf den Nudeln verteilen. Die Zutaten in dieser Reihenfolge in die Form schichten. Mit Mozzarella abschließen. Den Auflauf im Backofen 20 bis 30 Minuten backen.

(auf dem Foto)

HIMBEERAUFLAUF *raffiniert · köstlich*

1. Den Backofen auf 200 °C vorheizen. Die Himbeeren vorsichtig waschen und verlesen.

2. Eine Auflaufform ausfetten, die Himbeeren hineinlegen und mit dem Alkohol beträufeln.

3. Die Eier trennen. Die Eiweiße zusammen mit 1 bis 2 Eßlöffeln Wasser sehr steifschlagen.

4. Den Zucker und die Eigelbe dickschaumig schlagen. Den Eischnee daraufgeben, die Mandeln darüberstreuen.Das Mehl mit dem Backpulver vermischen und dazusieben. Das Ganze mit einem Schneebesen locker miteinander vermischen.

5. Die Masse zur Hälfte über die Himbeeren verteilen. Die andere Hälfte mit der geriebenen Schokolade verrühren und darüberstreichen.

6. Den Auflauf etwa 1 Stunde im Backofen backen.

Tip
Wenn Kinder mitessen können Sie den Himbeergeist durch Himbeersirup ersetzen.

ca. 1 Std. 20 Min.

ca. 470 kcal

- 500 g vollreife Himbeeren
- Butter für die Form
- 3 EL Himbeergeist
- 2 Eier
- 100 g Zucker
- 100 g geriebene Mandeln
- 100 g Mehl
- 1 TL Backpulver
- 1–2 EL geriebene Schokolade

SCHEITERHAUFEN MIT ÄPFELN *klassisch · preiswert*

1. Den Ofen auf 200 °C vorheizen. Eine flache Auflaufform mit Butter ausfetten.

2. Die Milch zusammen mit der Hälfte der Butter und dem Stück Zitronenschale in einem Topf aufkochen, dann wieder vom Herd nehmen.

3. Die Brötchen in dünne Scheiben schneiden und dachziegelartig in die Form schichten. Die Äpfel vierteln, schälen und vom Kerngehäuse befreien. Die Viertel in Spalten schneiden und zwischen die Brotscheiben stecken. Die Rosinen heiß waschen, gut abtropfen lassen und ebenfalls zwischen das Brot geben.

4. Die Eier mit dem Honig und dem Zucker verschlagen, nach und nach die Milch unterrühren, vorher die Zitronenschale entfernen. Die Milch über die Brotscheiben gießen.Die Mandelstifte auf den Auflauf streuen, die restliche Butter in Flöckchen darauf setzen. Den Auflauf auf der mittleren Schiene in den Ofen schieben und etwa 40 Minuten backen.

(auf dem Foto)

ca. 1 Std.

ca. 720 kcal

- Butter für die Form
- 200 ml Milch
- 80 g Butter
- 1 Stück Schale von 1 unbehandelten Zitrone
- 4 Brötchen vom Vortag, ersatzweise 1/2 Baguette
- 3 kleine, säuerliche Äpfel
- 5 EL Rosinen
- 3 Eier
- 2 EL flüssiger Honig
- 5 EL Zucker
- 80 g Mandelstifte

KIRSCHENMICHEL

ca. 1¹/₂ Std.

ca. 800 kcal

- 250 g entrindetes Weißbrot vom Vortag
- 400 ml Milch
- 1 kg Kirschen
- 80 g weiche Butter
- 4 Eigelbe
- 120 g Zucker
- 1 TL Zimtpulver
- 1–2 TL abgeriebene Schale einer unbehandelten Zitrone
- 4 Eiweiß
- Butter und 2 EL gemahlene Mandeln für die Form

1. Das Weißbrot in dünne Scheiben schneiden, diese mit der Milch übergießen und quellen lassen. Die Kirschen waschen, die Stiele entfernen und die Kirschen entsteinen.

2. Den Backofen auf 200 °C vorheizen. Inzwischen die Butter mit den Eigelben, dem Zucker, dem Zimt und der Zitronenschale gut schaumig rühren. Die Eiweiße steifschlagen und darunterheben.

3. Eine große, flache Auflaufform mit Butter ausstreichen und mit den Mandeln ausstreuen.

4. Den Boden der Form mit eingeweichten Brotscheiben auslegen, einige Kirschen darauf verteilen. Das Brot und die Kirschen dabei immer abwechselnd einschichten.

5. Den Eierschaum über das Ganze verteilen. Die Form auf der unteren Einschubleiste in den Ofen schieben und den Auflauf etwa 50 Minuten backen.

Tip
Der Kirschenmichel ist besonders bei Kindern sehr beliebt.

NEKTARINENAUFLAUF *köstlich • fruchtig*

1. Den Backofen auf 200 °C vorheizen. Eine große, flache Auflaufform mit Butter ausstreichen.

2. Die Nektarinen waschen, halbieren und entsteinen, die Hälften jeweils mit den Rundungen nach oben in die Auflaufform legen.

3. Eier, Zucker und Vanillezucker mit den Quirlhaken eines Handrührgeräts hellcremig aufschlagen.

4. In einer anderen Schüssel das Mehl mit dem Backpulver und der Zitronenschale mischen, mit der Crème fraîche verrühren. Den Eierschaum unterheben. Anschließend den Teig über die Nektarinen geben.

5. Die Form auf der zweiten Einschubleiste von oben in den Ofen schieben und den Auflauf etwa 20 Minuten backen. Vor dem Servieren den Nektarinenauflauf mit Puderzucker bestäuben.

Tip
Dieser süße Auflauf ist ein wunderbares Dessert nach einem leichten Essen. Reichen Sie eine Aprikosensauce dazu.

ca. 40 Min.

ca. 340 kcal

- **Butter für die Form**
- **4 vollreife, große Nektarinen**
- **3 Eier**
- **60 g Zucker**
- **1 P. Vanilllezucker**
- **60 g Mehl**
- **1/4 TL Backpulver**
- **abgeriebene Schale von 1 unbehandelten Zitrone**
- **100 g Crème fraîche**
- **1 TL Puderzucker zum Bestäuben**

REISAUFLAUF MIT APRIKOSEN

ca. 1 1/4 Std.

1/2 Std. zum Quellen

ca. 440 kcal

- 300 ml Milch
- 1 Pr. Salz
- 1 Zimtstange
- 100 g Rundkornreis
- 400 g vollreife Apri-
  kosen
- Butter und 1–2 EL
  Zucker für die Form
- 3 EL weiche Butter
- 2 Eigelb
- 150 g eingelegte,
  gesüßte Preiselbee-
  ren (aus dem Glas)
- 2 Eiweiß
- 2 EL gehackte Pista-
  zienkerne

1. Die Milch in einem Topf aufkochen. Das Salz, die Zimtstange und den Reis dazugeben. Den Reis zugedeckt bei ganz schwacher Hitze in etwa 1/2 Stunde ausquellen lassen.

2. Die Aprikosen waschen, halbieren und entsteinen. Etwa die Hälfte der Früchte in Spalten schneiden.

3. Den Backofen auf 175 °C vorheizen. Eine Auflaufform mit Butter ausstreichen und mit Zucker ausstreuen. Die Butter mit den Eigelben glattrühren. Die Zimtstange aus

dem Milchreis entfernen, Milchreis und Preiselbeeren zur Eigelb-Butter-Creme geben und alles vermengen. Die Eiweiße steifschlagen und darunterheben.

4. Die Hälfte der Reismasse in die Form füllen. Die Aprikosenhälften darauf legen, dann die übrige Reismasse einschichten.

5. Die Aprikosenspalten auf den Reis legen. Zum Schluß die Pistazienkerne über den Auflauf streuen. Das Ganze im Ofen etwa 55 Minuten backen.

HIRSE-ZWETSCHGEN-AUFLAUF

ca. 1 Std.

20 Min. zum Quellen

420 kcal

- 175 g Hirse
- 1/2 l Milch
- 300 g Zwetschgen
- Butter für die Form
- 4 EL Apfeldicksaft
- 4 Eigelb
- 4 Eiweiß

1. Die Hirse in einem Sieb mit kaltem Wasser abspülen, dann abtropfen lassen. Die Hirse zusammen mit der Milch in einen Topf geben und die Milch aufkochen. Das Ganze etwa 10 Minuten zugedeckt bei geringer Hitze köcheln, dann die Hirse noch etwa 20 Minuten auf der ausgeschalteten Platte ausquellen lassen.

2. Inzwischen die Zwetschgen waschen, abtropfen lassen und entsteinen. Den Backofen auf 200 °C vorheizen. Eine Auflaufform gründlich mit Butter ausstreichen.

3. Den Hirse-Milch-Brei eventuell etwas abkühlen lassen, dann mit dem Apfeldicksaft und den Eigelben verrühren.

4. Die Eiweiße zu steifem Schnee schlagen und unter den Brei heben, zuletzt die Zwetschgen locker daruntermengen. Die Masse sofort in die vorbereitete Form umfüllen und glattstreichen.

5. Die Form auf der zweiten Einschubleiste von unten in den Ofen schieben und den Auflauf etwa 40 Minuten backen. Heiß oder lauwarm servieren.

SCHWARZWEISSER SCHOKOAUFLAUF
braucht etwas Zeit • köstlich

1. Die Milch aufkochen, Salz, Zucker, Butter und Reis hineingeben. Den Reis zugedeckt bei schwacher Hitze in etwa ½ Stunde ausquellen lassen. Die Schokolade nach Sorten getrennt raspeln. Den Backofen auf 175 °C vorheizen. Eine Auflaufform mit Butter ausstreichen und mit Zucker ausstreuen.

2. Die Birnen vierteln und schälen, die Kerngehäuse herausschneiden. Die Birnenviertel sofort mit dem Zitronensaft beträufeln Den Reis vom Herd nehmen und die Eigelbe darunterrühren.

3. Die Masse halbieren, eine Hälfte mit der dunklen, die andere mit der weißen Schokolade verrühren. Die Schokolade dabei schmelzen lassen Die Eiweiße zu steifem Schnee schlagen und jeweils zur Hälfte vorsichtig unter die beiden Reismassen heben.

4. Den hellen Reis in die Form füllen. Die Birnenviertel darauf legen, mit den Pistazienkernen bestreuen, dann die dunkle Reismasse einschichten. Den Auflauf auf der unteren Einschubleiste im Ofen etwa ¾ Stunden backen.

ca. 1½ Std.

ca. 630 kcal

- 300 ml Milch
- 1 Pr. Salz
- 2 EL Zucker
- 2 EL Butter
- 100 g Rundkornreis
- 50 g Zartbitterschokolade
- 50 g weiße Schokolade
- Butter und 2 EL Zucker für die Form
- 2 reife, weiche Birnen
- 1 EL Zitronensaft
- 3 Eigelb
- 3 Eiweiß
- 2 EL Pistazienkerne

ca. 1 1/2 Std.

ca. 590 kcal

- 1/2 l Milch
- Salz
- 1/4 TL Zimtpulver
- abgeriebene Schale und Saft von 1 unbehandelten Zitrone
- 125 g Hörnchennudeln
- 60 g weiche Butter
- 100 g Mandelmakrönchen
- 4 rotschalige, säuerliche Äpfel
- 2 Eigelb
- 5 EL Zucker
- 2 TL Backpulver
- 2 Eiweiß
- 2 EL Preiselbeeren aus dem Glas

1. Die Milch zusammen mit 1 Prise Salz, dem Zimtpulver und der Zitronenschale in einem großen Topf aufkochen. Die Nudeln hineingeben und bei sehr schwacher Hitze köcheln lassen, bis die Nudeln die Milch aufgesogen haben.

2. Eine Auflaufform mit etwas Butter ausstreichen. Einen Teil der Mandelmakrönchen fein zerbröseln und die Form damit ausstreuen.

3. Dann 2 Äpfel vierteln, schälen, vom Kerngehäuse befreien, in feine Würfelchen schneiden und mit etwas Zitronensaft beträufeln.

4. Die beiden übrigen Äpfel waschen und gut abtrocknen, vierteln, die Kerngehäuse herausschneiden und die Apfelviertel noch einmal längs halbieren. Die Spalten sofort in dem restlichen Zitronensaft wenden.

5. Die restliche Butter, die Eigelbe und den Zucker mit den Quirlhaken eines Handrührgeräts cremig rühren. Dann etwas abgeriebene Zitronenschale und das Backpulver darunterrühren.

6. Den Backofen auf 175 °C vorheizen. Die Nudeln in eine Schüssel füllen, die Eiercreme und die Apfelwürfel daruntermischen. Die

Eiweiße zu steifem Schnee schlagen und vorsichtig darunterheben. Die Masse in die vorbereitete Form füllen.

7. Die Oberfläche des Auflaufs mit Apfelspalten, den restlichen Mandelmakrönchen und den Preiselbeeren dekorativ belegen.

8. Den Auflauf auf der zweiten Einschubleiste von unten in den Ofen schieben und etwa 40 Minuten backen.

Tip
Mandelmakrönchen sind kleine, recht feste Plätzchen, die in Italien sehr beliebt sind. Sie bekommen die Makrönchen in italienischen Lebensmittelgeschäften, aber auch in gut sortierten Supermärkten oder den Lebensmittelabteilungen der großen Kaufhäuser. Als Ersatz können Sie Löffelbiskuits verwenden. Es ist sehr wichtig, daß Sie eine Apfelsorte mit säuerlichem Aroma wählen, der säuerliche Geschmack bildet einen reizvollen Gegensatz zu der süßen Haube. Gut eignen sich die Sorten Boskoop, Cox Orange oder auch Jonagold.

JOHANNISBEER-QUARK-GRATIN

ca. 40 Min.
ca. 430 kcal

- 75 g gemahlene Mandeln
- 300 g rote Johannisbeeren
- Butter für die Form
- 2 Eigelb
- 1 EL flüssiger Honig
- 250 g Speisequark (20% F.i.Tr.)
- 2 Eiweiß
- 100 g Zucker
- 2 EL Mandelblättchen

1. Die Mandeln in einer beschichteten Pfanne trocken hellbraun rösten, dann herausnehmen. Die Johannisbeeren waschen und gut abtropfen lassen. Die Beeren von den Rispen streifen.

2. Den Backofen auf 225 °C vorheizen. Eine Gratinform mit Butter ausstreichen.

3. Die Eigelbe mit dem Honig verrühren, den Quark und die Hälfte der Mandeln unterrühren. Die Quarkmasse in die vorbereitete Form füllen und glattstreichen. Die Johannisbeeren darauf verteilen.

4. Die Eiweiße zu steifem Schnee schlagen, dabei den Zucker einrieseln lassen. Zuletzt die übrigen gerösteten Mandeln darunterheben.

5. Die Masse in einen Spritzbeutel mit großer, glatter Tülle geben und über die Johannisbeeren spritzen. Die Mandelblättchen darüberstreuen.

6. Die Form auf der zweiten Einschubleiste von unten in den Ofen schieben und das Gratin etwa 1/4 Stunde backen.

KOKOS-STACHELBEER-GRATIN · *köstlich · exotisch*

1. Den Backofen auf 200 °C vorheizen. 4 Gratinförmchen mit Butter ausstreichen. Die Stachelbeeren waschen, trockentupfen, putzen und auf die Gratinförmchen verteilen.

2. Die Kokoscreme raspeln oder kleinwürfeln und bei ganz schwacher Hitze in einem Topf glattrühren. In eine Schüssel umfüllen und darin gut mit den Eigelben verrühren.

3. Die Eiweiße zu steifem Schnee schlagen, dabei den Zucker einrieseln lassen.

4. Den Eischnee mit Zimt verfeinern. Einen Teil der Masse unter die Kokoscreme rühren, den Rest nur locker unterheben. Die Creme über die Stachelbeeren geben.

5. Die Formen auf der zweiten Einschubleiste von unten in den Ofen schieben und die Gratins etwa 20 Minuten backen.

Tip
Kokoscreme erhalten Sie in Asienläden, Feinkostgeschäften oder in sehr gut sortierten Supermärkten.

ca. 50 Min.

ca. 220 kcal

- **Butter für die Förmchen**
- **300 g Stachelbeeren**
- **100 g feste Kokoscreme**
- **2 Eigelb**
- **2 Eiweiß**
- **3 EL Zucker**
- **1/4 TL Zimtpulver**